LE MARKETING PARTICIPATIF

manager

Collection dirigée par Raymond-Alain Thiétart

Le Positionnement. La conquête de l'esprit, Al Ries, Jack Trout, 1987.

Le Maximarketing, Stan Rapp, Thomas L. Collins, 1988.

Le Marketing guerrier, Al Ries, Jack Trout, 1990.

Stratégies et Marketing direct, Dominique Xardel, 1990.

AL RIES / JACK TROUT

LE MARKETING PARTICIPATIF

Traduction française
Romain Jacoud

McGRAW-HILL

Paris — Auckland — Bogota — Caracas — Hambourg — Jakarta — Lisbonne — Londres — Madrid — Mexico — Milan — Montréal — New Delhi — New York — Panama — San Juan — São Paulo — Singapour — Sydney — Tokyo — Toronto

1991

Des mêmes auteurs

A. Ries et J. Trout, *Le Positionnement. La conquête de l'esprit*, Paris, McGraw-Hill, 1987.

A. Ries et J. Trout, *Le Marketing guerrier*, Paris, McGraw-Hill, 1990.

Maquette de couverture : Françoise Rojare

Le Marketing participatif est traduit de **Bottom-up Marketing**

ISBN : 0-07-052733-4

ISBN : 2-7042-1252-X
ISSN : 0986-1173

McGraw-Hill - 28, rue Beaunier - 75014 Paris

Aux milliers de commerciaux qui n'ont pas lu
Le Positionnement.

Et aux milliers de commerciaux qui n'ont pas lu
Le Marketing guerrier.

Qu'ils puissent, un jour, voir plus clair.

Table des matières

Introduction 1

Voici le troisième ouvrage de Ries et Trout. Leur premier livre, *Le Positionnement*, était consacré aux tactiques de communication. Leur second ouvrage, *Le Marketing guerrier*, traitait des stratégies de marketing. Celui-ci intègre, d'une manière tout à fait originale, les deux concepts précédemment traités.

Chapitre 1. La tactique gouverne la stratégie 5

Le marketing traditionnel se développe de haut en bas. Vous choisissez ce que vous voulez faire (la stratégie) et, ensuite, vous imaginez comment le réaliser (la tactique). Le marketing devrait fonctionner de manière complètement opposée : trouver d'abord une tactique payante, la transformer ensuite en une stratégie.

Chapitre 2. Allez sur le terrain 19

Pour mettre au point une tactique payante, il est indispensable que vous quittiez votre tour d'ivoire et que vous alliez sur le terrain même où se livre la bataille du marketing. Où ce terrain se trouve-t-il ? Dans la tête de vos clients et de vos prospects.

Chapitre 3. Surveillez les tendances 39

Pour être sûr que votre tactique est en phase avec l'avenir, vous devez connaître les tendances de fond qui influencent votre domaine d'activité. Attention : les tendances évoluent très lentement et seule une mode change rapidement.

Chapitre 4. Concentrez vos forces 57

La méthode fondamentale de développement d'une tactique payante consiste à concentrer vos forces. Seule une idée précise s'imprime bien dans la tête des gens. Ce principe est ignoré par la plupart des stratèges traditionnels qui recherchent constamment à déployer leurs forces.

Chapitre 5. Déterminez votre tactique 81

Une tactique est, avant tout, un « angle d'attaque mental et concurrentiel ». La meilleure tactique est celle qui permet de frapper vos concurrents en leur point le plus faible dans l'esprit du prospect.

Chapitre 6. Une tactique pour combattre la consommation de drogue 97

Un des grands problèmes actuels est celui de l'usage de drogues illégales. Voici une tactique dont l'application pourrait réduire la demande en stupéfiants.

Chapitre 7. Elaborez votre stratégie 103

Une stratégie est définie comme un « axe cohérent de marketing »; elle est le moyen de faire pénétrer la tactique dans les esprits. Pour construire une stratégie efficace, vous devez trouver la manière de consacrer toutes les ressources de votre entreprise à l'exploitation de la tactique que vous avez choisie.

Chapitre 8. Une stratégie pour Avon 115

Supposons que vous êtes le directeur du marketing d'Avon. Ce chapitre décrit pour vous le processus de choix d'une tactique, puis la construction d'une stratégie efficace.

Chapitre 9. Introduisez les changements nécessaires 123

Vous ne pouvez pas modifier l'esprit de votre prospect. Aussi vous devez rendre votre stratégie efficace en modifiant le produit, le service ou l'entreprise. Il est sûr que vous allez rencontrer d'énormes difficultés.

Chapitre 10. Changez de champ de bataille 133

Quand vous êtes en train de perdre la bataille, changez de terrain. Vous disposer pour cela de quatre alternatives : vous pouvez changer de public, de produit, de cible ou de système de distribution.

Chapitre 11. Changement de champ de bataille à la GM 147

Supposons que vous êtes Roger Smith (le PDG de GM). Comment allez-vous changer de terrain pour résister à l'attaque des Européens sur le marché haut de gamme ?

Chapitre 12. Testez votre stratégie 151

Comment tester par avance votre stratégie auprès de vos prospects, de votre force de vente et de la presse.

Chapitre 13. Vendez votre stratégie 161

Comment vendre votre stratégie à la direction générale quand vous n'en faites pas partie.

Chapitre 14. Financez 171

Comment dégager les ressources nécessaires (les fonds) pour financer votre stratégie marketing.

Chapitre 15. Faites appel à un œil extérieur 177

Quand devrez-vous faire appel à une aide extérieure pour développer un programme de marketing efficace ? L'intervenant doit-il étudier la tactique ou la stratégie ?

Chapitre 16. Lancez votre campagne 185

Vous avez deux manières de lancer un programme de marketing : la grande opération médiatisée ou la mise en œuvre discrète à faible allure. Comment choisir entre les deux ?

Chapitre 17. Conservez le cap 193

A mesure que le temps passe, vous allez subir une pression de plus en plus intense pour vous amener à modifier votre stratégie. Ce chapitre est consacré à la manière d'y résister.

Chapitre 18. Sachez apprécier votre succès 201

Vous constaterez que les programmes efficaces se reconnaissent généralement dès le jour J. Les mauvais programmes, aussi.

Chapitre 19. Foncez 205

La clé d'une victoire commerciale consiste à poursuivre la lutte jusqu'au bout. Vous devez épuiser votre programme si vous voulez atteindre un succès total. Seuls les perdants se reposent.

Chapitre 20. Réduisez vos pertes 209

Personne ne peut prévoir ce que sera demain. Si votre programme n'est pas bon, cherchez une autre tactique et transformez-la en une nouvelle stratégie. Ne vous obstinez pas dans l'échec.

Chapitre 21. Jouez le jeu 213

La clé du marketing participatif est de monter au créneau. Si vous en avez l'étoffe, vous pouvez être le prochain Gates (Microsoft), Monaghan (Domino's Pizza) ou Smith (Federal Express). Bien évidemment, il vous faudra aussi avoir de la chance.

Index des sujets 219

Index des personnes et sociétés citées 223

Introduction

Nos deux premiers ouvrages sont des « manuels » consacrés, respectivement, aux principes de la communication et du marketing.

Le premier, *Le Positionnement*, était consacré à la communication. Selon la théorie du positionnement, l'esprit humain comporte des compartiments, ou des emplacements, à occuper par l'entreprise. L'opération est facile lorsque le compartiment est vide mais devient difficile si l'emplacement considéré est occupé par un concurrent. Dans ce dernier cas, une entreprise doit « repositionner son concurrent » si elle désire pénétrer l'esprit du prospect.

Notre second livre, *Le Marketing guerrier*, était un manuel de marketing. Le point de vue nouveau que nous apportions dans ce domaine résidait dans notre certitude que le marketing n'est pas un processus à sens unique destiné seulement au service du consommateur.

Aujourd'hui, la véritable nature du marketing doit permettre d'être plus malin que la concurrence, de la déborder, de la surpasser. Bref, le marketing est une guerre où l'ennemi est le concurrent et le terrain à conquérir, le consommateur.

Comme une vraie guerre, une guerre de marketing ne se mène pas d'une seule et unique manière. En fait, il en existe quatre types : guerre défensive, guerre offensive, attaque de flanc ou guerilla. Déterminer le type d'opérations à mener constitue la décision la plus importante à prendre.

Le troisième livre

Contrairement aux deux précédents, *Le Marketing participatif* n'est pas un manuel. Il s'agit d'un ouvrage destiné au commercial autodidacte qui souhaite être particulièrement performant.

Selon une étude récente, dans notre environnement concurrentiel, le nombre de PDG parvenus à cette fonction en passant auparavant par la vente et le marketing est nettement supérieur à ceux qui ont suivi les autres filières.

Nous vivons un « âge de la concurrence ». Dans presque tous les domaines, l'acte commercial est devenu guerrier.

Cette modification de l'environnement a rendu obsolète l'approche marketing traditionnelle, de haut en bas. Quelle peut être l'utilité de plans à long terme alors qu'il devient impossible de prévoir les démarches futures des concurrents ?

Comment pouvez-vous réagir aux actions d'un concurrent si vos ressources sont engagées dans un plan à long terme ?

Stratégies et tactiques

Le Marketing participatif ne néglige pas les principes du positionnement ou du marketing guerrier. En fait, il intègre ces deux concepts mais d'une manière tout à fait originale.

La communication, comme nous le soulignons dans *Le Positionnement*, constitue la tactique d'une entreprise. Généralement elle comprend la publicité, la présentation des produits, etc.

Le marketing, comme nous l'indiquons dans *Le Marketing guerrier*, constitue la stratégie de l'entreprise. Habituellement, la stratégie d'une entreprise est synthétisée dans un « plan » à long terme.

A l'heure actuelle, nous assistons à la floraison d'un grand nombre d'opérations de planification stratégique. Le management a été séduit par la formule. Il n'est pas une entreprise qui se respecte, appartenant à la liste des 500 du magazine *Fortune*, qui ne puisse survivre sans un vice-président chargé de la planification stratégique.

Nous sommes tout à fait opposés à la planification stratégique à long terme, aux énoncés d'objectifs, aux plans commerciaux et aux budgets annuels.

Nous sommes persuadés que la plupart des dirigeants d'aujourd'hui n'arrivent pas à comprendre la relation fondamentale qui existe entre stratégie et tactique. C'est pour cela qu'ils continuent à être obnubilés par la planification stratégique.

La théorie traditionnelle stipule que la direction générale doit d'abord élaborer la stratégie d'une campagne de marketing. Cette stratégie doit alors être confiée aux cadres moyens qui déterminent la tactique à suivre pour la mettre en œuvre.

Nous ne sommes pas d'accord. Notre conception renverse les perspectives traditionnelles.

Chapitre 1

La tactique gouverne la stratégie

Après des années de conseil en stratégie pour certaines des plus grandes entreprises américaines, nous sommes parvenus à une conception qui révolutionne les idées reçues : une stratégie devrait être développée du bas vers le haut et non de haut en bas. En d'autres termes, la stratégie doit émaner d'une profonde compréhension des tactiques de l'entreprise et doit être conçue du point de vue tactique.

La tactique doit gouverner la stratégie. C'est dire que la tactique de communication doit gouverner la stratégie marketing. La plupart des praticiens du marketing pensent le contraire. L'idée actuelle est qu'il faut d'abord élaborer la stratégie globale de l'entreprise et que la tactique en découle.

Défiez l'évidence

Un certain nombre d'axes de développement les plus fertiles dans les domaines de la médecine, de la science et des affaires ont été stimulés en remettant en question les vérités les plus évidentes. Riemann a contredit le cinquième postulat d'Euclide qui énonce que l'on ne peut pas faire passer par un point donné plus d'une parallèle à une droite donnée. Les physiciens explorent encore aujourd'hui les nombreuses conséquences de la géométrie de Riemann.

A chaque vérité évidente correspond une autre voie plus féconde, que ce soit en science ou dans l'entreprise.

« La stratégie gouverne la tactique » est un axiome commercial que vous pouvez avoir intériorisé au point de ne plus vous apercevoir de son existence. « Je ne sais pas trop qui a découvert l'Amérique, disait un élève de sixième, mais je sais bien que ce n'était pas un Indien. »

A quel point sommes-nous convaincus que la stratégie l'emporte sur la tactique ?

Tout d'abord, personne ne dit « tactique et stratégie ». On exprime toujours l'inverse. En outre, cet inverse apparaît comme tellement plus logique. Pour commencer, vous décidez de ce que vous allez faire (la stratégie), puis vous décidez comment le faire (la tactique).

« Nos plans avortent parce que nous n'avons pas d'objectifs » a dit Sénèque. « Quand un marin ne sait pas vers quel port se diriger, il n'est pas de bon vent. »

Qui peut discuter ces observations ?

Nous. Christophe Colomb cherchait un raccourci pour les Indes (la stratégie) en voguant vers l'ouest au lieu de l'est (la tactique). Il est mort en pensant qu'il avait échoué parce qu'il n'était jamais parvenu à atteindre le continent Indien qu'il cherchait.

S'il avait laissé la tactique gouverner la stratégie, il aurait peut-être réalisé qu'en découvrant l'Amérique, son apport était beaucoup plus important que de trouver un raccourci pour les Indes.

Christophe Colomb était un marin, un très bon marin. Du point de vue tactique, il aurait pu choisir de naviguer vers l'ouest parce que tout le monde justement naviguait vers l'est. (En marketing, nous appellerions cette approche un débordement latéral.)

Quoi qu'il y eut à découvrir en naviguant vers l'ouest, Christophe Colomb l'aurait découvert le premier.

Les lacunes de la pensée de « haut en bas »

Les dirigeants sont obsédés par « ce qu'ils désirent faire ». Que sont les plans à long terme sinon une méticuleuse description de l'état dans lequel ils désirent voir leur entreprise d'ici cinq ou dix ans ?

Quand vous mettez l'accent sur la stratégie, ou sur la position que vous souhaitez occuper dans les années à venir, vous commettez l'un des deux péchés capitaux que l'on peut rencontrer dans les affaires : (1) le refus d'accepter l'échec et (2) l'hésitation à exploiter la réussite. Ces deux péchés sont la conséquence de la pensée qui va « de haut en bas ».

Christophe Colomb a refusé d'accepter le fait qu'il n'avait pas trouvé un chemin pour les Indes et il n'a pas exploité la découverte magnifique qu'il avait faite.

Les entreprises qui commencent par élaborer leur stratégie refusent généralement d'accepter leurs échecs parce qu'elles considèrent que la réussite d'un projet mal engagé ne demande que des ajustements tactiques mineurs.

Dans les années cinquante, General Electric avait pris la décision de se lancer dans le domaine des grands ordinateurs. Après quatorze ans d'efforts et 400 millions de dollars de pertes, l'entreprise a jeté l'éponge. Ces quelques ajustements de tactique mineurs se sont révélés un gâchis de ressources majeur.

Supposons que GE ait suivi le processus inverse. Au lieu de voguer vers l'est avec IBM, Univac, Burroughs, NCR, RCA, Control Data, Honeywell et les autres acteurs du domaine des grands ordinateurs, GE aurait pris tout seul la direction de l'ouest.

GM avait le choix entre deux possibilités. En haut de gamme, il aurait pu introduire un super-ordinateur. En bas de gamme, il aurait pu introduire l'ordinateur individuel.

Mais à l'époque, il n'existait de marché ni pour l'un, ni pour l'autre. C'est la raison pour laquelle l'une ou l'autre des tactiques auraient permis à GE d'être le premier à occuper une position dans le domaine d'un nouveau type d'ordinateur.

Que l'une ou l'autre de ces décisions aient ou non conduit à des profits, c'est une autre histoire. Tout aurait dépendu de l'avenir. (En fait, les deux axes sont devenus des sources d'immenses bénéfices pour deux entreprises au moins. En haut de gamme, Cray et en bas de gamme, Apple.)

Il n'y avait aucune garantie que Christophe Colomb puisse découvrir quoi que ce soit au cours de son voyage. Mais ce dont on pouvait être sûr, c'est que si quelqu'un devait découvrir quelque chose, ce serait Christophe Colomb, parce qu'il était le premier à prendre cette direction.

Le même principe s'applique au marketing. La seule tactique fiable est de trouver le moyen d'être le premier à pénétrer l'esprit de l'autre. Et, dans la mesure où vous êtes le premier, il n'existe pas de marché pour votre produit ou votre service. Vous devrez bâtir ce marché vous-même.

Le refus de reconnaître l'échec s'accompagne souvent d'une hésitation à exploiter le succès. Le seul progrès réalisé par GE dans le domaine des super-ordinateurs est d'avoir introduit le concept de « temps partagé ». La réussite était due au fait que GE avait été le premier à en avoir l'idée.

Ce succès aurait dû conduire l'entreprise à investir toutes ses ressources informatiques dans le développement d'une ligne de produits à temps partagé. Mais le concept ne correspondait pas à la stratégie choisie par GE pour devenir un autre IBM : mettre sur le marché une gamme complète d'ordinateurs. Et c'est ainsi que l'occasion a été perdue.

Dans le domaine des affaires, nous avons tendance à ne voir que ce que nous nous attendons à voir. C'est pourquoi la réflexion traditionnelle, « de haut en bas », est si dangereuse. Nous avons tendance à négliger tous les facteurs qui ne vont pas dans le sens de nos stratégies.

Inversez le processus

En inversant le processus, il se peut que vous fassiez parfois quelques découvertes importantes.

En voici un exemple.

Les chercheurs de Vicks inventèrent un sirop très efficace contre le rhume mais qui, comme effet secondaire, entraînait des risques de somnolence. Ce qui posait problème au cas où l'utilisateur souhaitait aller au travail ou conduire une automobile.

Au lieu de passer le produit aux profits et pertes, quelqu'un eut une idée brillante. Puisque ce médicament présentait les propriétés d'un somnifère, il n'y avait qu'à l'introduire comme un médicament du soir contre le rhume. En d'autres termes, le slogan « le premier médicament du soir contre le rhume » devient une tactique de publicité payante parce qu'elle repose sur le principe vérifié d'être le premier sur le terrain.

Et ça a marché. Le nouveau médicament NyQuil devint le plus grand succès de l'histoire de Vicks. Et NyQuil est aujourd'hui le n° 1 parmi les remèdes contre le rhume.

La tactique (le premier médicament du soir contre le rhume) gouverne la stratégie (introduire un nouveau médicament important contre le rhume baptisé « NyQuil »).

Qu'est-ce qu'une tactique ?

Une tactique, c'est une idée, un concept. Quand vous cherchez une tactique, vous êtes à la recherche d'un concept.

Mais la notion de concept est une notion confuse. Quel genre de concept ? Où allez-vous trouver un concept ? Ce sont là les premières questions auxquelles il faut répondre.

Pour vous aider à trouver ces réponses, nous vous proposons la définition suivante : une tactique est un *angle d'attaque mental et concurrentiel.*

Une tactique doit présenter un angle d'attaque *concurrentiel* pour avoir une chance de succès. Cela ne signifie pas nécessairement l'introduction d'un meilleur produit ou service mais, plutôt, l'existence d'un élément différent. Un produit plus grand ou plus petit, plus léger ou plus lourd, moins onéreux ou plus cher. Ou encore, un nouveau système de distribution.

En outre, la tactique doit être concurrentielle avec l'ensemble des produits et services concernés, pas seulement avec un ou deux d'entre eux.

Par exemple, la décision prise par Volkswagen vers la fin des années cinquante, d'introduire « la première » petite voiture constituait une excellente tactique concurrentielle. A l'époque, General Motors ne fabriquait que d'énormes « croiseurs » parés de chrome de tous côtés. La Coccinelle fut le succès que vous connaissez.

Bien évidemment, la Coccinelle de VW n'était pas la première petite voiture sur le marché. Mais elle était la première à occuper la position « petite voiture » dans la tête des gens. Elle se faisait une gloire de sa taille, alors que toutes ses concurrentes s'excusaient de leur petite taille en insistant sur l'agencement de leur habitacle.

« Pensez petit » disaient les publicités de Volkswagen.

L'idée de Seagram d'introduire dans les années soixante un nouveau bourbon pour concurrencer les marques Jim Bean et Old Grand-Dad est un exemple de mauvaise tactique. Le bourbon Benchmark n'a rien donné parce qu'il ne présentait aucun angle concurrentiel. Autrement dit, il n'offrait rien de plus que les marques déjà établies.

De plus, une tactique doit présenter un angle d'attaque concurrentiel *mental*. En d'autres termes, la bataille doit être livrée dans l'esprit du client.

Les concurrents qui n'existent pas dans l'esprit du client éventuel peuvent être négligés. Il existait déjà de nombreuses boutiques de pizza qui livraient à domicile quand Tom Monaghan a créé Domino's. Mais personne encore n'occupait la case livraison-à-domicile dans la tête des gens.

Par ailleurs, il existe des concurrents qui occupent de fortes positions dans les esprits qui ne correspondent pas forcément à des caractéristiques réelles. Dans le choix d'une tactique, c'est la représentation mentale qu'il y a lieu de prendre en compte, non la réalité.

Enfin, *l'angle d'attaque* c'est la position recherchée dans l'esprit du client. C'est ce point qui va constituer le levier qui vous permettra d'atteindre de bons résultats en marketing.

Mais une tactique ne suffit pas. Pour former un tout, vous devez transformer la tactique en une stratégie. (Si la tactique est un clou, la stratégie est un marteau.) Vous avez besoin des deux pour conquérir une position dans l'esprit des clients.

Qu'est-ce qu'une stratégie ?

Une stratégie n'est pas un objectif. Comme la vie elle-même, une stratégie doit être consacrée au chemin, pas au but. Les adeptes de la pensée traditionnelle n'ont en tête que les objectifs. Ils commencent par déterminer l'objectif qu'ils souhaitent atteindre, puis ils essayent d'inventer les voies et les moyens d'y parvenir.

Mais la plupart des objectifs sont purement et simplement inaccessibles. La fixation d'objectifs tend à devenir un exercice de frustration. Le marketing, comme la politique, est l'art du possible.

Quand, en 1981, Roger Smith est devenu PDG de General Motors, il a prédit que l'entreprise, qui occupait en 1980 66 % du marché intérieur des automobiles, traditionnellement partagé entre les Trois Grands, en possèderait à terme les 70 %.

Pour se préparer à cette gigantesque responsabilité, GM a entrepris un programme de modernisation d'un montant de 50 milliards de dollars.

Actuellement, la part du marché intérieur occupée par GM est de 58 %, et en baisse. Les entreprises automobiles de GM en Amérique du Nord présentent des pertes annuelles de plusieurs centaines de millions de dollars. L'objectif fixé était purement et simplement inaccessible parce qu'il n'était pas fondé sur une tactique solide.

Selon nous, une stratégie n'est pas un objectif. C'est une *orientation marketing cohérente*.

Tout d'abord, une stratégie est *cohérente* quand elle est focalisée sur la tactique choisie. Volkswagen a remporté un grand succès tactique dans le domaine de la petite voiture mais cette entreprise n'a pas réussi à transcender l'idée en une stratégie cohérente. Elle a oublié l'adjectif « petite » et s'est lancée à la conquête du marché US en important une gamme de VW plus grosses, plus rapides, plus chères. Mais cette tactique était déjà celle d'autres constructeurs. Cette démarche a permis aux Japonais de se saisir du « concept » de petite voiture.

Une stratégie, ensuite, comprend toutes les activités cohérentes de marketing. La conception des produits, la fixation des prix, la distribution, la publicité – bref, toutes les activités qui constituent le marketing-mix – doivent être focalisées de manière cohérente sur la tactique.

Pensez à la tactique comme si c'était une longueur d'onde lumineuse donnée et la stratégie un laser aligné sur cette fréquence. Les deux vous sont nécessaires pour pénétrer l'esprit du prospect.

Une stratégie, enfin, est une *orientation* marketing cohérente. Une fois la stratégie élaborée, l'orientation ne devrait pas être modifiée.

Le but assigné à la stratégie est de mobiliser toutes vos ressources afin d'aller jusqu'au bout de votre tactique. Dans la mesure où vous les concentrez toutes sur une orientation stratégique donnée, vous maximisez l'exploitation de votre tactique sans aucune des limites qu'implique l'existence d'un objectif.

En marketing comme à la guerre, la stratégie la plus sûre est d'exploiter rapidement la tactique. Seuls les perdants se reposent, les gagneurs ne cessent d'aller de l'avant.

Tactique et stratégie

Une tactique est un concept ou un angle d'attaque particulier. Une stratégie comporte de nombreux éléments, tous centrés sur la tactique.

Une tactique est un angle d'attaque qui peut être unique ou simplement différent. Une stratégie peut fort bien être générale.

Une tactique est indépendante du temps qui passe et relativement constante. Une stratégie se développe sur une période. Solder est une tactique utilisée à un moment ou à un autre par la plupart des détaillants du monde entier. Une boutique qui propose des soldes tous les jours est une boutique de soldeur, ce qui constitue une stratégie.

Certains détaillants ont transcendé cette tactique en une puissante stratégie. Syms, par exemple, est une florissante entreprise de soldes de prêt-à-porter établie dans dix Etats de l'est et du centre-ouest des USA. « Chez Syms, dit la publicité télévisée, vous n'entendrez jamais parler de *soldes*. Notre meilleur consommateur est un consommateur formé. »

Une tactique est un avantage concurrentiel. Une stratégie a pour fonction de garder cet avantage concurrentiel.

Une tactique est extérieure au produit, au service ou à l'entreprise. Elle peut même ne pas être un produit de l'entreprise. Une stratégie est interne. (Souvent les stratégies exigent d'importantes réorganisations internes.)

Une tactique est orientée vers la communication, une stratégie est orientée vers un produit, un service ou une entreprise.

Le principe du marketing participatif est simple : vous allez du particulier au général, du court terme au long terme. Notez, aussi, l'implication particulière du marketing participatif : déterminer une tactique et la développer en une stratégie. Inventez une tactique, pas deux, trois ou quatre.

Une stratégie unique et une variété de tactiques

La plupart des dirigeants raisonnent en termes de stratégie et de tactiques. C'est-à-dire qu'ils élaborent une stratégie qui peut se décliner en de nombreuses tactiques différentes. En marketing traditionnel, l'accent est mis sur le développement de marchés latéraux en appliquant un certain nombre de tactiques diverses.

La stratégie du groupe devient alors de plus en plus générale de manière à accommoder un nombre de plus en plus grand de tactiques.

Quand John M. Stafford devint PDG de Pillsbury, un géant de l'agro-alimentaire, son premier soin, selon le *Wall Street Journal*, fut de créer une commission chargée de rédiger un long document présentant « les missions et les valeurs » de l'entreprise. Il croyait probablement à la théorie mosaïque du management. Vous grimpez d'abord au sommet du Sinaï pour y trouver les tables. Puis vous redescendez pour appliquer les Dix Commandements.

La démarche ne fut guère profitable à Stafford. Manifestement les managers des restaurants appartenant à Pillsbury (en particulier les « Burger King ») n'ont pas pu remplir la mission de l'entreprise avec efficacité.

Avec une mention spéciale pour le commandement qui disait : « Tu réaliseras une marge bénéficiaire satisfaisante. » Aussi, Stafford fut-il remercié pour avoir méconnu un de ses propres commandements.

La plupart des généraux, qu'ils appartiennent à l'armée ou au domaine du marketing, n'aiment pas se consacrer à la tactique. C'est tuer tout le plaisir.

Ils adorent généraliser. Il est plus valorisant de jouir des prérogatives de son rang en vaticinant sur l'énoncé des « missions et valeurs » que d'aller manger un hamburger au comptoir du premier Burger King venu. Quand vous devenez un des grands-prêtres de l'entreprise, vous ressentez l'irrépressible envie de pontifier.

Quand vous atteignez le sommet, vous appréciez d'être « libre ». Libéré de tous ces détails subalternes qui font l'entreprise au quotidien. Libre, enfin, de jouir du bon côté du marketing : le développement de la stratégie universelle.

Les batailles sont gagnées grâce à la tactique

Et pourtant, les batailles de marketing sont gagnées ou perdues au niveau de la tactique, pas de la stratégie.

La guerre du Vietnam a été perdue au Vietnam, pas à Washington D.C. Dans le cas d'une guerre marketing, vous devez partir avec la certitude que la tactique que vous choisirez sera à l'origine de votre succès ou de votre échec.

Une tactique peut être constituée d'un avantage minime. Celui qu'a exploité Tom Monaghan à Domino's a été de concentrer tous ses efforts uniquement sur la livraison de ses pizzas à domicile. En soi, ce n'était pas une idée extraordinaire. Mais elle était unique et différente puisqu'aucune autre chaîne n'y avait pensé.

Remarquez que la tactique de Domino's était unique, que ce n'était pas un ensemble de tactiques. Le concept était uniquement celui de la livraison à domicile. Ce n'était pas celui de la livraison à domicile plus des plats à emporter, plus des plats à consommer sur place, plus des steaks hachés, plus des saucisses grillées, plus le feu d'artifice.

Ce qui a fait la gloire de Domino's, c'est justement d'avoir élaboré une stratégie à partir de la tactique de livraison à domicile. En montant une chaîne nationale d'unités de « livraison à domicile exclusivement », Domino's a été en mesure de s'annexer la caractéristique « livraison de pizzas à domicile garantie en trente minutes ».

A la recherche de tactiques en accord avec la stratégie

Les penseurs traditionnels croient parfois qu'ils opèrent à partir de la base alors qu'il n'en est rien. Ils passent ainsi des heures à errer parmi toutes les tactiques possibles.

En fait, ce qu'ils font n'est rien d'autre que chercher des tactiques qui s'accordent avec leur stratégie prédéterminée. « Une chaîne de livraison à domicile ne correspond pas à notre stratégie » a dû être la réaction de Pizza Hut. « Nous sommes dans la restauration. »

Résultat : Monaghan a fait fortune et Pizza Hut a manqué une occasion.

La faille dans le raisonnement est évidente. Les managers écument l'arène du marketing pour y trouver des tactiques. Puisqu'ils ont déjà choisi leurs objectifs, ils cherchent les moyens de les atteindre. Logique, non ?

Un accent mis sur le changement

En marketing participatif, l'accent est mis sur la modification de l'organisation. Sans évolution du produit ou du service, du prix ou de la distribution, toute stratégie ne peut être qu'une suite de mots, sans signification.

En marketing traditionnel, l'accent est mis sur l'évolution de l'environnement. « Pour atteindre notre objectif d'augmentation de notre part de marché de 10 %, nous devons élever le degré de préférence pour notre marque », dit le penseur traditionnel.

En d'autres termes, *vous* n'évoluez pas ; vous essayez de faire évoluer le marché. C'est la pensée traditionnelle, « de haut en bas », dans ce qu'elle a de pire.

« Le meilleur plan stratégique est sans utilité, a dit le maréchal Rommel, s'il ne peut être tactiquement exécuté. » Malheureusement pour lui, Rommel était sous les ordres d'un penseur traditionnel des plus notoires de l'Histoire.

Notons que cette remarque coûta la vie à Rommel. A cet égard, le marketing est moins dangereux que la carrière militaire. Un désaccord avec la stratégie de l'entreprise ne vous coûtera au plus que votre emploi.

L'objet de la stratégie

En marketing, le plus inutile des exercices est celui qui consiste à s'asseoir autour d'une table pour évaluer des stratégies.

Il n'existe pas de *bonnes* stratégies. Il existe des stratégies qui marchent bien sur le plan tactique et d'autres qui ne marchent pas bien. Alors si la proposition précédente est vraie, quel est l'objet d'une stratégie ?

L'objet de la stratégie est d'empêcher la concurrence de gêner la mise en œuvre de votre tactique.

Une unité de livraison à domicile de Domino's aurait pu être facilement neutralisée par le leader du marché, Pizza Hut. En suivant la stratégie de développement d'une chaîne nationale d'unités de livraison à domicile, Domino's s'est efficacement inséré dans la compétition.

La tactique est l'angle d'attaque qui produit des résultats. La stratégie est l'organisation de l'entreprise qui crée la pression tactique maximum.

Au cours de la bataille de France, la tactique allemande a été d'exploiter la « jonction » entre le corps expéditionnaire britannique au nord et les troupes françaises au sud. La stratégie a été de jeter le gros des divisions blindées dans une attaque à travers les Ardennes.

La tactique gouverne la stratégie. Puis la stratégie pilote la tactique. Dire que l'une est plus importante que l'autre, c'est passer complètement à côté de l'essence même du processus participatif. C'est justement la relation entre les deux qui constitue l'aspect fondamental des succès de marketing.

Qu'est-ce qui est le plus important dans la conception d'un avion : le moteur ou la voilure ?

Ni l'un, ni l'autre. C'est la relation entre les deux qui détermine si le produit de votre conception va quitter ou non la piste de décollage.

La tactique est le concept qui touche directement votre entreprise. La stratégie donne des ailes à la tactique qui peut faire décoller votre affaire.

Planification stratégique directive et planification stratégique participative

Les dirigeants qui planifient de manière directive tentent de forcer les événements. Ceux qui suivent les principes de la planification stratégique participative essayent de trouver des événements à exploiter.

Les premiers écument les marchés existants, les seconds font la chasse aux opportunités nouvelles.

Les uns sont narcissiques, les autres, ouverts sur l'extérieur.

Les premiers, encore, croient aux gains à long terme et aux pertes à court terme, les seconds, enfin, croient au succès aussi bien à court qu'à long terme.

Chapitre 2

Allez sur le terrain

« Ces livres auraient-ils été écrits, s'interrogeait un jour Ian Fleming, si je n'avais pas vécu le vide éclatant de vacances jamaïcaines ? »

« J'en doute », se répondait l'auteur des aventures de James Bond.

Si la chaleur de la Jamaïque a inspiré Fleming, c'est le surf glacial de Santa Cruz qui fut le chemin de Damas de Jack O'Neill.

Surfeur fanatique, O'Neill ne pouvait plus supporter de se geler perpétuellement et a inventé la première combinaison imperméable fabriquée industriellement. Aujourd'hui, O'Neill Inc. est une entreprise qui vaut plusieurs millions de dollars.

Aller sur le terrain, inventer un angle mental et concurrentiel, revenir au siège et initier les changements nécessaires pour l'exploiter, voilà le principe du marketing participatif.

Plus facile à dire qu'à faire.

Le vice-président sur le terrain ?

Si la tactique doit gouverner la stratégie, il faut alors que l'étape essentielle de tout le processus de marketing soit de « descendre dans l'arène », « monter au front », pour tout dire. Malheureusement, la plupart des entreprises n'ont pas de vice-présidents chargés de cette fonction.

Voilà qui vous ouvre des opportunités, cher lecteur. Et parce que le champ d'action est si largement ouvert, vous avez à portée de main une occasion en or de développer, pour votre entreprise (ou vous-même, d'ailleurs), une brillante stratégie marketing.

Mais ne confondez pas cette descente au fond de la mine avec « l'envoi » à votre place d'un suppléant quelconque dans les galeries. Dans la plupart des entreprises, ce type de délégation est monnaie courante. Vous déléguez, quand vous vous enquerrez vous-même de l'état du marché auprès de votre force de vente. Vous déléguez, quand vous demandez une étude de marché.

Il n'y a rien à reprocher aux études de marché pour autant que vous vous souveniez que le marketing est une démarche relative au futur. Alors que la plupart des études de marché traitent du passé.

Ces études vous apprennent quel a été le comportement de vos prospects dans le passé. Elles ne vous renseignent pas nécessairement sur ce qu'ils se proposent de faire. (En fait, ils ignorent ce qu'ils vont faire, aussi ne les perturbez pas en le leur demandant.)

Rien ne s'oppose, non plus, à ce que vous envoyiez quelqu'un sur le terrain. Cependant, rien ne vaut une information que vous tenez de première main.

Trop de dirigeants s'imaginent qu'ils peuvent mener une opération de marketing à partir de leur bureau. « Un bureau, a écrit le romancier John Le Carré, est un poste dangereux pour observer le monde. »

Partir de la base, à la manière japonaise

Le marketing participatif n'a rien à voir avec la méthode japonaise de recherche de l'accord général, initiée à la base et poursuivie jusqu'au sommet de la structure. C'est faire porter toute la responsabilité du succès de l'entreprise au bidasse de l'armée productive.

« Autrefois, nous n'avions pas besoin de chefs énergiques », remarque Jiro Tokuyama, ancien doyen de l'école supérieure de management de Nomura. A l'époque de la forte croissance économique, les entreprises japonaises prospéraient en fabriquant les mêmes produits que leurs concurrents, à cela près qu'ils les fabriquaient mieux et moins cher.

Ou, comme le dit M. Tokuyama, « c'est l'armée toute entière qui se mettait en mouvement ».

Aujourd'hui, toutes les branches industrielles, l'une après l'autre, sont en train de réaliser que la tradition japonaise en management (les étapes progressives, la recherche de l'accord général et la prise de décision à partir de la base) ne permet plus à l'armée productive de l'entreprise de progresser assez vite ou d'emprunter des routes nouvelles.

Dans le marketing participatif à la japonaise, on se préoccupe plus de savoir qui est réellement responsable du marketing que de son contenu lui-même.

Parfois, vous avez de la chance. Il arrive que le débutant réussisse. Il arrive, même, que l'employé de base vous apporte l'idée brillante qui fait de l'entreprise une « success story ».

Mais l'organisation du temps joue contre vous. Dans le système japonais, « l'idée » doit gravir tous les échelons hiérarchiques. L'accord doit être acquis à chaque étape. L'idée brillante a fort peu de chances d'aboutir.

Les meilleurs coups apparaissent rarement comme tels à l'avance. Il y a de fortes chances qu'ils aient déjà été envisagés et abandonnés par la concurrence.

Le marketing est comme le jeu de rami où vous trouvez certaines de vos meilleures cartes dans la pile de défausse.

Tout concept qui rencontre l'approbation unanime de vos collègues est déjà mis en œuvre par quelqu'un. C'est une des raisons pour lesquelles le système japonais entraîne une uniformité des produits aussi bien que des individus.

Quelle différence pouvez-vous trouver, en effet, entre des lecteurs-enregistreurs de cassettes vidéo de marques Hitachi, JVC, Panasonic et Toshiba ?

Une différence minime. Tous ces appareils bénéficient (ou sont victimes) de la version japonaise du marketing unanimiste. Toutes les différences ont été limées au cours du cheminement du concept de la base au sommet de l'entreprise.

Partir de la base, à la manière des auteurs

Dans notre système participatif, le marketing n'est pas un problème de « qui ». Le marketing est un problème de « quoi ».

Ce que vous devez faire en premier, c'est choisir « quelle » tactique vous allez mettre en œuvre. C'est dire qu'il vous faut choisir une tactique qui vous conduira à un bon angle d'attaque. Ensuite, vous devrez décider comment transcender cette tactique en un axe marketing cohérent.

Ce n'est qu'après que ces deux étapes préalables auront été franchies que vous déterminerez « qui » sera chargé de mettre en œuvre la stratégie ainsi déterminée.

La plupart des entreprises se fixent des priorités inverses. Elles sont organisées autour d'individus bardés de titres qui impliquent ce qu'ils doivent faire.

Les chefs de vente gèrent les ventes. Les chefs de marketing gèrent le marketing. Les chefs de publicité gèrent la publicité.

Souvent dans les entreprises, le « qui fait quoi pour qui » est clair. Ce qui manque, c'est le sens de ce qu'il est nécessaire de faire et un système pour que ce soit fait dans un ordre naturel et logique.

Cet ouvrage n'est pas conçu pour des responsables de marketing qui n'ont généralement pas le pouvoir d'introduire ce que nous recommandons. Pas plus qu'il n'a été écrit pour les dirigeants au sommet qui peuvent avoir l'autorité nécessaire, mais qui sont bien souvent dépourvus des qualités de perception qui leur permettraient de voir les choses comme elles sont.

Ce livre est écrit pour quiconque désire appliquer les principes du marketing participatif sans s'occuper des restrictions imposées par l'organigramme de l'entreprise.

Si vous n'êtes pas au sommet de l'échelle, il se peut qu'il vous faille dépenser une certaine quantité d'énergie pour parvenir à faire consommer à vos supérieurs les fruits de votre travail. Passez-y le temps qu'il faudra – c'est une composante essentielle du processus.

Cherchez des informations, non des confirmations

Avant d'aller sur le terrain, vous devriez vous poser une seule question : est-ce que je cherche une information ou une confirmation ?

Trop de gens du marketing ne vont jamais sur le terrain. Ils circulent en cherchant à recueillir des faits qui vont les confirmer dans leurs opinions originelles sur ce qu'il est nécessaire de faire.

Nous sommes victimes, dans une certaine mesure, de notre propre discours. Nous prêchons une doctrine selon laquelle un cadre doit savoir prendre des décisions. Aussi prenons-nous des décisions avant même d'être assez informés pour prendre des décisions saines.

Aussi, quand vous allez « au front », laissez derrière vous vos qualités de décideur. Gardez un œil attentif pour bien observer et l'esprit bien ouvert. L'œil attentif n'est pas indispensable, l'esprit ouvert, si.

C'est au moment de choisir d'aller sur le terrain que vous devez faire preuve de votre esprit de décision. La plupart des cadres négligent « d'aller voir eux-mêmes » parce qu'ils ont des choses bien plus importantes à faire.

Rien n'est plus important que d'aller voir le théâtre des opérations. Si vous remettez la visite jusqu'à ce que vous en ayez véritablement le temps, vous vous apercevrez qu'il est alors trop tard. Vous vous serez déjà fait une opinion à partir des informations de seconde main qui ne manquent pas de filtrer. Et vous vous trouverez dans une situation où votre déplacement sur le terrain aura pour objet de vous confirmer dans votre idée plutôt que de vous informer sur la réalité des choses. Autant ne pas vous déplacer.

Observez, ne jugez pas

Une fois sur place, vos problèmes ne font que commencer.

L'observation n'est pas une opération facile. L'esprit humain est rapide à exprimer des jugements. Si, la plupart du temps, la rapidité d'esprit est un avantage, ce n'est pas le cas lorsque vous allez sur le terrain.

Vous devez vous laisser aller à observer les événements plutôt que les juger instantanément. Respectez les faits, même s'ils sont contraires à ceux que vous attendiez.

Une manière d'échapper à cette tendance de l'esprit humain, consistant à ne voir que le reflet d'une image personnelle, est de noter les faits à mesure que vous les observez. Relisez vos notes plus tard. Une idée que vous auriez pu avoir rejetée peut soudain vous apparaître comme la plus pertinente.

Où est le terrain ?

Le terrain du marketing n'est jamais là où vous pourriez vous attendre à le trouver.

Ce n'est pas le supermarché, le drugstore ou le bureau du client. Le terrain se situe dans la tête du prospect.

Aller sur le terrain, cela signifie que vous vous mettez dans la situation d'explorer ce que les clients et les prospects peuvent bien penser. (Pour devenir pêcheur, il faut apprendre à penser comme le poisson.)

Dans le film *Big*, Tom Hanks possède le corps d'un homme mais l'intellect d'un gamin de 13 ans. Tout naturellement, le PDG d'une entreprise de jouets le nomme immédiatement vice-président.

Le terrain peut aussi bien être chez vous, où vous surveillez votre conjoint alors qu'il est en train de choisir entre différentes marques.

Demandez pourquoi. Demandez pourquoi il ou elle a décidé d'acheter telle marque de pâte dentifrice ou de shampooing. Et ne vous limitez pas à votre seule spécialité. Un bon spécialiste du marketing est celui qui s'intéresse à une multiplicité de problèmes de marketing au-delà du sien propre.

Si vous n'explorez pas des domaines divers où se mènent des batailles de marketing, vous aurez tendance à vous imaginer que tout le monde passe son temps à évaluer les marques des produits dans votre branche d'activité.

Vos impressions premières ont de la valeur

Tenez compte de vos premières impressions. Les prospects agissent en fonction de leurs premières impressions.

Ne vous défendez pas de paraître un peu naïf. Souvent, les questions les plus innocentes peuvent se révéler être les plus profondes.

L'erreur la plus grave est d'emporter trop de bagages sur le terrain. Embarrassés par toutes les informations relatives à votre produit, vos services ou votre entreprise, il est impossible que vous vous mettiez dans la peau du prospect.

La situation idéale, est de ne savoir quasiment rien du produit ou du service en question. Ainsi, vous pouvez l'évaluer objectivement.

C'est difficile à faire. Dans le monde des entreprises, l'accent n'est pas mis sur la nécessité d'aller sur le terrain. Il est plutôt mis sur « la séance d'information ». Le rôle de l'animateur est alors de vous convaincre qu'il sait déjà tout ce qu'il est possible de savoir sur la situation donnée.

Vous, l'informé, vous devez rester sceptique jusqu'à ce que vous puissiez évaluer vous-même.

Que cherchez-vous ?

Vous cherchez un bon angle d'attaque. Un fait, une idée, un concept, un avis du prospect qui entrent en conflit avec les positions prises par la concurrence.

Prenons comme exemple les lessives. Que propose la publicité en réponse aux attentes du consommateur ?

La propreté. C'est pourquoi telle lessive rend le linge « blanc ». Telle autre, rend le linge « plus blanc que blanc ». Quant à celle-là, elle va encore plus loin, jusqu'à rendre le linge « étincelant ».

Avez-vous déjà observé quelqu'un en train de vider un séchoir à linge ? Si vous regardez les publicités, vous devez vous attendre à ce qu'il ou elle porte des lunettes de soleil de manière à ne pas être aveuglé par le rayonnement du linge.

La plupart des gens ne prêtent aucune attention au linge lui-même. Mais, presque toujours, ils le sentent pour vérifier qu'il sent bien le « propre ».

Cette observation a conduit Unilever a introduire Surf, une marque de lessive dont la seule caractéristique distinctive est qu'elle contient deux fois plus de parfum que les produits concurrents. Résultat : Surf est apparu et a pris 12 % des 3,5 milliards de dollars que représente le marché des lessives aux Etats-Unis.

Avez-vous jamais observé un banlieusard avec sa tasse de café ou de thé en train de prendre le train ou le car ? Dans la plupart des cas, il (ou elle) va faire un trou dans le couvercle afin de pouvoir boire au cours du voyage sans renverser le liquide.

Un employé d'Handi-Kup, département de Dixie Products, a dû remarquer ce manège. Et Handi-Kup a mis sur le marché un couvercle en matière plastique qui comportait une fente pour boire.

Certains angles d'attaque sont difficiles à repérer parce que les consommateurs en expriment l'existence de manière négative. Ainsi, par exemple, l'entreprise Adolph Coors Company a inventé la bière légère en réduisant sa teneur en calories (et aujourd'hui encore, la Coors ordinaire est moins riche que la Michelob légère). Cependant Coors a négligé sa propre invention jusqu'à ce que Miller introduise la bière Lite.

La chose était pourtant difficile à ignorer. Avant même que la Lite soit introduite sur le marché, n'importe quel barman de Denver aurait pu vous dire comment les consommateurs commandaient une Coors.

« Et une légère du Colorado, s'il vous plaît. »

Coors aurait pu investir le marché des bières légères en s'appuyant sur une puissante campagne publicitaire. Elle n'a pas sauté sur l'occasion.

Miller, si. Et aujourd'hui, Miller vend plus de Lite que Coors ne vend de bières ordinaire et légère ensemble.

La plupart des bons angles d'attaque sont difficiles à repérer parce qu'ils n'apparaissent presque jamais à l'avance comme des coups fameux. (Si ce n'était pas le cas, il y a longtemps qu'ils auraient été saisis par la concurrence.) Les bombes marketing n'explosent que très lentement.

Quand vous avez vu votre première bouteille de bière Lite, vous êtes-vous dit : « Voilà une bière qui va devenir la seconde bière la plus vendue en Amérique, juste derrière Budweiser ? »

Ou vous-êtes-vous dit, « Tiens, encore une bibine ? »

Quand vous avez vu votre première boutique Toys « Я » Us, vous êtes-vous dit : « Voilà une entreprise qui va faire trois milliards de dollars de chiffre d'affaires et qui détiendra 25 % du marché américain du jouet ?

Ou vous êtes-vous dit : « Pourquoi diable, ont-ils écrit la lettre R à l'envers ? »

Avez-vous acquis une franchise de McDonald en 1955, alors qu'elle ne coûtait que 950 dollars ?

Ou bien avez-vous fait la queue comme tout le monde en vous disant : « Comment peuvent-ils gagner de l'argent en vendant des hamburgers à 1 franc pièce ? »

Avez-vous acheté des actions Xerox en 1958 ? Des boîtes de soupe d'Andy Warhol en 1968 ? Une BMW en 1973 ? Un appartement en copropriété à Manhattan en 1979 ?

Et du Yen en 1987 ou en 1986, ou avant encore ?

Avez-vous mis de côté vos tickets de match de base-ball ? Les bandes dessinées de votre enfance ?

Les occasions sont difficiles à repérer parce qu'elles ne ressemblent pas à des occasions ; ce sont plutôt des nouveaux points de vue. Une bière plus légère, une voiture plus chère, un hamburger meilleur marché, une boutique qui ne vend que des jouets.

Et vous devez vous saisir de cet angle ou de cette tactique, vous devez en faire une stratégie avant que vous puissiez en libérer la puissance.

Les PDG ont tendance à perdre le contact

Plus l'entreprise est puissante, plus il y a de chances que son PDG perde le contact avec le front de bataille. C'est peut-être là le facteur vraiment important qui limite la croissance d'une entreprise.

Tous les autres militent en faveur de la taille. Le marketing, c'est la guerre et le premier principe en la matière, c'est celui de la force. L'armée la plus grande, l'entreprise la plus grande, sont avantagées.

Mais l'entreprise la plus grande perd une partie de cet avantage si elle n'est pas capable de rester focalisée sur cette bataille de marketing qui se livre dans l'esprit du consommateur.

La controverse entre Roger Smith et Ross Perot à la General Motors illustre précisément ce point. Quand il appartenait au conseil d'administration de la GM, Ross Perot passait ses week-ends à acheter des voitures. Et il critiquait Roger Smith de ne pas en faire autant.

« Il est indispensable de foutre en l'air le système GM », disait-il. Il était partisan de « balancer une bombe atomique » sur les garages chauffés, les limousines à chauffeurs de maître, les salles à manger pour cadres supérieurs.

Des limousines à chauffeurs de maître pour une entreprise qui essaye de vendre des automobiles ? La perte de contact des dirigeants avec le marché est le plus grand problème auquel doivent faire face les grandes entreprises.

Si vous êtes un PDG submergé, comment réunir les informations objectives relatives à ce qui se passe vraiment ? Comment faites-vous pour passer par-dessus cette propension qu'ont les cadres intermédiaires à ne vous dire que ce qu'ils croient vous faire plaisir d'entendre ?

Comment apprendre les mauvaises nouvelles aussi vite que les bonnes ?

Une des manières de faire est d'aller voir « incognito » ou par surprise. Cela pourrait être particulièrement adapté au niveau de la distribution ou des détaillants. Sous beaucoup d'aspects, la démarche est analogue à celle du roi qui s'habille comme ses sujets et va se mélanger à eux pour pouvoir entendre des opinions franches sur ce qui se passe.

Comme les rois, les PDG entendent bien peu d'opinions franches de la bouche de leurs ministres. Il y a trop d'intrigues à la cour.

La force de vente, si vous en possédez une, est un terme essentiel de l'équation. La finesse est d'arriver à en extraire une évaluation bonne et sans fard de la concurrence. Cependant, dès que le bruit se répand que le PDG apprécie la franchise et le réalisme, il est possible de recueillir un grand nombre de bonnes informations.

La gestion de votre temps est un autre aspect de ce problème. Bien souvent, votre disponibilité est dévorée par de trop nombreuses activités qui vous empêchent de vous rendre sur le terrain. Trop de conseils d'administration, trop de comités, trop de dîners officiels. Selon un sondage, le PDG moyen passe 30 % de son temps en « activités extérieures ». En outre, il passe 17 heures par semaine en réunions et 6 heures par semaine à les préparer.

Dans la mesure où le dirigeant travaille en moyenne 61 heures par semaine, il ne lui reste que 20 heures pour tout le reste, la direction de l'entreprise et les visites sur le terrain, comprises.

Rien d'étonnant à ce que le PDG délègue la fonction marketing. Ce qui est une erreur.

Le marketing est trop important pour être livré à un subalterne. Si vous voulez déléguer quelque fonction, déléguez la présidence de la prochaine campagne de charité. (Comme vous l'avez peut-être remarqué, c'est le vice-président des Etats-Unis qui assiste aux funérailles nationales, pas le Président.)

Les réunions constituent la seconde activité à supprimer. Au lieu de discuter des événements, allez donc voir et rendez-vous compte par vous-même. Comme l'a dit M. Gorbachev au président Reagan à l'occasion de sa première visite en URSS : « Il vaut mieux voir soi-même une fois que d'entendre cent fois parler de quelque chose. »

« C'est dans les détails que le Diable se glisse »

Comment un directeur général doit-il se comporter ? C'est Andrews Grove d'Intel qui a le mieux répondu à cette question. « Il existe une tendance chez les dirigeants et cadres moyens à être trop généralistes et trop superficiels. La sagesse des nations dit que c'est dans les détails que le Diable se glisse. Il est possible d'élaborer des stratégies qui ne peuvent pas être exécutées. Ce n'est qu'à travers la connaissance des détails – la capacité des exécutants sur le terrain, l'état du marché, la chronologie – qu'une stratégie victorieuse peut émerger. »

Grove a résumé cette approche en une phrase : « J'aime travailler en passant des détails aux vastes fresques. »

Voilà. C'est l'essentiel du présent ouvrage.

Comme vous l'avez remarqué, alors qu'Intel était en progression, General Motors partait en chute libre.

C'est dans un motel minable voisin de Washington D.C. que Kemmons Wilson a trouvé le concept de base d'Holiday Inns. Non seulement, il avait payé 6 dollars pour sa femme et lui-même, mais il avait, en outre, dû régler 2 dollars pour chacun de ses enfants. Quasiment une attaque de bandits de grand chemin, avait-il pensé en recevant sa note.

Aussi, Wilson retourna-t-il à Memphis déterminé à construire un motel familial où les enfants seraient reçus gratuitement. Et l'année suivante, il ouvrait le premier Holiday Inn.

Vous n'êtes pas obligés de voyager pour trouver l'angle d'attaque. Jim Dyer a inventé le grand succès qu'est l'*Organisateur de poche* à partir de sa propre manière de classer ses notes.

Richard James a laissé tomber accidentellement un ressort à boudin et celui-ci s'est mis à « marcher ». Quarante-trois ans plus tard, le « ressort-qui-marche » est toujours un jouet très apprécié.

Mary Phelps Jacobs n'avait que 19 ans lorsqu'elle fit coudre par sa femme de chambre un sous-vêtement bâti avec deux mouchoirs de dentelle et un ruban rose. Elle baptisa son invention « brassière », en déposa le brevet qu'elle vendit 15 000 dollars-or à la Warners Brothers Corset Company.

Les petites entreprises sont avantagées

Sophia Collier avait 21 ans en 1977 lorsqu'elle a lancé le Soho Natural Soda. Aujourd'hui, son entreprise est en passe d'atteindre les 100 millions de dollars de ventes.

Végétarienne, vivant dans une réserve d'Indiens Hopis, Mademoiselle Collier a visiblement tiré de son propre mode de vie, l'idée à la base de son soda. Au début, les distributeurs auxquels elle s'était adressée ne croyaient pas que le marché existe. « Un soda naturel, disaient-ils, n'y a-t-il pas contradiction dans les termes mêmes ? »

Oui, bien évidemment. Mais, c'est justement cet angle mental d'attaque que Sophia Collier et son associée, Connie Best, ont brillamment exploité.

Reese Jones dirigeait, de son propre domicile, un groupe d'utilisateurs de Macintosch. Le problème de l'utilisation collective d'une imprimante installée dans une autre partie de la maison s'est alors posé. Pour économiser le prix de l'installation d'un circuit plus ou moins coûteuse, Jones a eu l'idée d'utiliser la ligne téléphonique ce qui le conduisit, au passage, à inventer un connecteur spécial.

Aujourd'hui, son entreprise (Farallon) vend mensuellement plus d'un million de dollars de connecteurs PhoneNet.

Les petites entreprises sont mentalement plus proches du terrain que les grandes. C'est peut-être bien l'une des raisons de leur croissance plus rapide.

L'emploi est un des étalons essentiels de la croissance. Au cours des six dernières années, l'emploi a décliné de 9 % dans les entreprises de 1000 employés et plus, alors qu'il augmentait de 17 % dans les entreprises employant moins de 100 personnes.

Les grandes entreprises ont des problèmes lorsqu'il s'agit d'aller au front. La fameuse charge de la Brigade légère a été lancée sur l'ordre d'un officier qui n'était pas présent sur le terrain pour en apprécier la configuration.

T.K. Quinn, ancien président de la General Electric Credit, disait un jour : « Pas un seul des appareils électroménagers modernes n'a été inventé par l'une des grandes entreprises du secteur : la première machine à laver le linge, le séchoir, le fer à repasser électrique, la lampe électrique, le réfrigérateur, la radio, le grille-pain, le ventilateur, le radiateur, le rasoir électrique, la tondeuse à gazon, le congélateur, le climatiseur, l'aspirateur, la machine à laver la vaisselle ou le gril, rien. »

Ce n'est pas Xerox qui a inventé la photocopie, mais Chester Carlson. Ce n'est pas IBM qui a construit le premier ordinateur, mais John Mauchly et J. Presper Eckert.

Les problèmes du directeur général

Quand vous êtes directeur général, vous jouissez d'un avantage fantastique dans le développement d'une stratégie : vous approuvez le programme et il suit son cours.

Malheureusement, le directeur général est bien souvent la personne qui est la plus déphasée par rapport au marché. (Vous ne devenez pas directeur général en vous faisant apprécier du client. Vous l'êtes devenu parce que vous avez plu à votre prédécesseur, qui est, en général, encore plus déphasé que vous.)

L'un de vos problèmes réside dans le nombre de niveaux de cadres qui séparent la base du sommet. Plus, il y a de niveaux, plus vous êtes isolé du marché. La belle surface de sucre glacé qui recouvre le sommet de la hiérarchie de si nombreuses grandes entreprises est de plus en plus distante des réalités boueuses du fond du terrain.

Les différents niveaux ont tendance à retenir les mauvaises nouvelles et à ne laisser filtrer que les bonnes. Quand les choses commencent à mal tourner, le directeur général (ou PDG) est bien souvent le dernier à en être informé.

La réduction du nombre de niveaux hiérarchiques est une façon de se rapprocher psychologiquement des premières lignes. Une étude sur 60 entreprises a mis en évidence que les plus performantes étaient organisées en moins de quatre niveaux, les moins brillantes, avec huit, environ.

Cependant, quel que soit le nombre de niveaux hiérarchiques dans la structure, c'est souvent l'organisation elle-même qui empêche le directeur général (ou PDG) d'aller au front.

La plupart des visites sur le champ de bataille sont transformées par les cadres moyens et subalternes en un « déplacement touristique » protocolaire. Tout est astiqué, briqué et orchestré de manière à donner la meilleure impression.

Vous êtes poussé à envisager votre visite comme une opération destinée à remonter le moral des troupes, pas du tout comme un voyage d'étude dont l'objet est de recueillir le maximum d'informations. « Donnez un peu de cœur au ventre de la piétaille dans les tranchées », vous souffle votre guide.

Et puis, il y a toute l'escorte du « patron ». Certains PDG ne peuvent pas imaginer de se déplacer sans un chauffeur, un garde du corps, un valet de chambre, un assistant, une secrétaire, un nègre pour les discours, un fourrier, un chef cuisinier, un coiffeur, etc. C'est dur, très dur pour qu'une idée puisse percer une phalange aussi protectrice.

D'autres dirigeants font des efforts particuliers pour parvenir au fond des choses. « Quand nous nous sommes lancés dans la biotechnologie, raconte Richard J. Mahoney de Monsanto, j'ai découvert que j'approuvais des programmes auxquels je ne comprenais rien, aussi j'ai suivi un ensemble de formations, je suis allé voir au labo, j'ai enfilé une blouse et j'ai fait des essais moi-même. »

Richard E. Neustadt, professeur de sciences politiques à Harvard, a constaté qu'un dirigeant d'entreprise, qui réussit, doit courir après l'information exactement comme devrait le faire un dirigeant politique.

« Ce ne ne sont pas des informations d'ordre général qui aident un président à se forger son appréciation de la situation, » a écrit Neustadt. « Ce sont les divers aspects présentés par des détails réels, qui, accumulés dans son esprit, vont éclairer tout ce qui se cache derrière les décisions qui lui sont présentées. Pour en tirer une aide, il doit chercher à recueillir le plus largement possible le moindre fait, opinion, voire potin, en relation avec lui-même ou sa fonction de président. »

Les problèmes de Gaston Lagaffe

Au fond du moule à gâteau, que représente l'entreprise, trône Gaston Lagaffe, le gaffeur-en-chef de l'entreprise (le GCE).

Si vous êtes le dernier arrivé, le plus jeune, le moins expérimenté des membres de l'équipe, vous avez un avantage énorme sur tout le monde. Vous êtes en première ligne, la plupart du temps complètement noyé dans ces détails qu'un directeur général donnerait sa chemise pour connaître.

Quelle chance à saisir ! Et pourtant, qu'ils sont nombreux ces jeunes qui la manquent en regardant dedans plutôt que dehors. Ils consacrent toute leur attention à la surveillance de ce qui se passe à l'intérieur de l'entreprise au lieu de guetter tout ce qui a lieu à l'extérieur et qui se passe chez les clients et les prospects. Ils disent à leurs supérieurs ce que ceux-ci souhaitent entendre au lieu de leur apprendre ce qu'il est nécessaire qu'ils sachent.

Il y a une certaine logique dans tout cela. Vous ne serez pas promu en disant à votre patron qu'il ou elle se trompe. Vous grimperez en lui présentant des comptes rendus positifs. (« Voilà un garçon futé. Il pense exactement comme moi. »)

Cher lecteur, si vous occupez votre premier poste, vous devriez apprendre à exposer les choses comme elles sont. Empressons-nous de souligner qu'il ne s'agit pas d'exprimer votre opinion, mais de rapporter les réalités des batailles en train de se dérouler sur le terrain. Ce n'est qu'en apprenant comment se comporter en observateur précis de la guerre tactique que vous acquerrez les qualités d'homme de marketing qui vous conduiront à être plus tard un stratège brillant.

Trop de débutants souhaitent débuter au sommet. C'est pourquoi tant de jeunes diplômés remuent de l'air en travaillant pour des boîtes de conseil.

Cependant, les entreprises commencent à devenir sages. « Vraiment, quand je rencontre un jeune consultant sans aucune expérience du terrain, dit Frank Perdue, je m'interroge. Ces jeunes devraient comprendre qu'ils ne savent pas tout sur tous les sujets et qu'il n'y a rien de honteux à commencer sa vie professionnelle au ras des pâquerettes et grimper peu à peu. »

Ou comme a dit un jour Harry Truman : « Les seules choses qui valent la peine d'être apprises sont celles que vous apprenez une fois que vous savez tout. »

Les problèmes des niveaux intermédiaires

Dans la majorité des entreprises, l'action prend place aux niveaux intermédiaires. La direction élabore la stratégie mais ce sont les cadres moyens qui la traduisent en termes de tactique.

Ces cadres intermédiaires n'ont souvent aucun contact avec le marché. Ils n'ont pas le temps de se rendre sur le terrain. Ils ont trop de réunions, trop de rapports à rédiger, trop de paperasse à gérer. (Si les familles étaient gérées comme les entreprises, les enfants ne toucheraient pas leur allocation hebdomadaire qu'ils n'aient déjà déposé leur note de frais de la semaine à venir.)

La procédure de planification suivie par la plupart des entreprises est ainsi organisée qu'elle contribue à isoler les cadres moyens. De nombreux dirigeants n'ont pas le temps d'aller sur le front ; ils sont trop occupés à rédiger les rapports censés émaner de leurs missions sur les champs de bataille.

Quand il leur arrive de se heurter à la réalité, souvent par hasard, ils constatent avec horreur que tous leurs plans sont fondés sur des mythes.

Considérez, par exemple, la grande mode des compagnies financières. Tout le monde s'est mis à vendre, à promouvoir et à offrir des services financiers.

Les agents de change ne vendent plus d'actions. Ils vendent des services financiers : rentes, fonds communs de placement, prêts aux communautés administratives.

Les compagnies d'assurances ne se contentent plus de vous vendre de l'assurance sur la vie et contre les dommages. Selon une publicité récente, ils vous vendent des « services financiers diversifiés » qui comprennent le financement d'hypothèques, les programmes de retraites, les fonds communs de placement, etc.

Chaque banque commerciale souhaite devenir votre partenaire financier pour la vie. Carte de crédit, assurance, etc., le choix est à vous ! (Ouvrez donc un compte à la Citibank ou à la Manhattan Chase... et votre boîte à lettres débordera tous les jours. Vous recevrez des offres pour des services financiers à ne pas en croire vos yeux.)

Allez donc sur le terrain des services financiers et écoutez les clients et prospects. Avez-vous jamais entendu un client parler de « services financiers » ?

« Chérie, faisons un saut à l'agence de l'Ecureuil et choisissons un service financier », par exemple.

Les consommateurs ne généralisent pas, ils *spécifient*. Ils s'expriment en termes d'hypothèques, d'actions, d'assurances automobiles, de primes annuelles, de prêts d'installation.

Et pourtant, les entreprises qui veulent leur vendre des produits font l'inverse. Elles se présentent comme des fournisseurs d'un éventail complet de services financiers. En utilisant une analogie militaire, disons qu'elles « opèrent sur un large front ». Et ça ne marche presque jamais.

Les problèmes de l'entrepreneur

En un mot, il s'agit de l'argent. Sur tous les autres points, une poignée de futurs entrepreneurs a d'énormes avantages sur des millions de dirigeants de grandes entreprises.

Les entrepreneurs sont sur la brèche. Leurs idées et leurs concepts sont issus de leur expérience. Ils ont le pouvoir de décider dans la mesure où ils n'ont pas besoin de rechercher l'accord d'autres gens. Il en résulte que la plupart des grands succès marketing sont issus des petites entreprises.

L'argent, pourtant, est un obstacle majeur sur la route du succès. Ce qui arrête la plupart des entrepreneurs, ce n'est pas le manque d'idées mais l'absence de capital risque. Aujourd'hui, le prix du ticket d'entrée sur de nombreux marchés est d'un million de dollars au moins, et souvent plus.

Federal Express, par exemple, a dépensé plus de 80 millions de dollars provenant de l'extérieur avant de commencer à faire des profits. Et Fred Smith a injecté dans le circuit plusieurs millions de dollars d'argent personnel.

Il n'existe pas de voie royale

Que vous soyez le dirigeant d'une PMI-PME ou d'une grande entreprise, que vous soyez le salarié d'une grande entreprise ou d'une petite, que vous soyez à la base, au mitan ou au sommet de la structure, il n'existe pas de voie royale pour pratiquer le marketing participatif.

Il existe, par contre, des occasions fantastiques, pour peu que vous acceptiez de vous battre. Si peu de gens le font !

La plupart des directeurs généraux sont là, considérant le champ de bataille de loin, armés de la description de leur mission et de plans à cinq ans.

Ils constituent de magnifiques cibles pour ceux qui pratiquent la pensée participative.

Chapitre 3

Surveillez les tendances

Que les choses ont changé en 30 ans !

Un des mythes les plus persistants qui hantent l'univers du marketing est la notion de changement. Comment les choses ont-elles changé au cours de ces trente dernières années ?

Examinons ces changements essentiels à travers la description d'une journée vécue par un des auteurs du présent ouvrage.

Une journée ordinaire

Ce matin, le réveil a sonné et je me suis levé. Je me suis douché, rasé et habillé. J'ai pris mon petit déjeuner, puis je me suis rendu à la gare.

Il y a trente ans, j'ai fait exactement la même chose.

Peut-être qu'en y regardant de plus près, nous verrons ces changements essentiels. Peut-être qu'ils résident dans mon savon ? Non, c'était déjà le même.

Des changements dans mon shampooing, cependant. J'utilisais la marque Prell et aujourd'hui je me sers de quelque chose appelé le shampooing Style. (Encore que ma fille se lave les cheveux avec Prell.)

Passons de la douche au lavabo. Quelle différence ! Mon rasoir Atra a deux lames, alors que mon vieux Gillette n'en avait qu'une. Mon déodorant est aujourd'hui un anti-transpirant. Mon dentifrice est du Crest, l'ancien était du Colgate. (J'ai changé au début des années soixante à cause du label « Approuvé par l'Association des dentistes américains ».)

Mais une fois habillé, je commence à me rendre compte que les choses ont réellement changé. Pour une raison quelconque, je ne porte plus de maillot de corps. (Peut-être est-ce dû à une tendance à la simplicité.)

Mes chaussures n'ont plus de lacets, mes pantalons n'ont plus de revers et je ne porte plus d'épingle à cravate. Pour équilibrer cette tendance à la simplicité, je porte une pochette et une épingle de col. Ma montre est alimentée par une pile au lieu d'être remontée automatiquement par le mouvement de mon poignet. Je porte mon portefeuille dans une des poches intérieures de ma veste au lieu de le mettre dans une des poches de mon pantalon.

A mon petit déjeuner, exactement comme il y a trente ans, j'ai bu un jus de fruit et mangé des céréales. J'ai bu un café aussi, mais décaféiné, sans sucre et sans lait.

Pour aller à la gare, j'ai pris ma voiture à moteur à explosion. Mais aujourd'hui, mon moteur possède six cylindres au lieu de quatre et je roule à l'essence sans plomb.

Au bureau, j'ai toujours autant de réunions et j'écris mes lettres à la main. J'ai une secrétaire qui les tape sur une machine qui ressemble toujours à une machine à écrire mais qui est, en fait, un terminal d'ordinateur.

Mon téléphone, cependant, est complètement différent : il était noir, il est blanc.

Après le travail, je rentre à la maison et je fais exactement comme il y a trente ans : je regarde la télé et je réfléchis aux changements que ma vie a subis.

S'il me fallait identifier les deux changements les plus remarquables et les plus importants auxquels j'ai assisté en trente ans, je dirais que ce sont le rasoir à deux lames et l'essence sans plomb.

Je suis impatient de jouir des changements incroyables qui vont intervenir dans les décennies à venir. Une lame de plus à mon rasoir ? De l'alcool au lieu d'essence dans mon moteur ?

Images et réalité

Si vous lisez votre quotidien habituel ou un quelconque magazine, vous recevez une description complètement différente de la réalité. Des changements incroyables qui secouent notre univers se produisent chaque jour.

« Les années quatre-vingts sont finies. L'avidité est passée de mode », titrait un numéro récent de l'hebdomadaire *Newsweek*.

L'avidité passée de mode ? Juste comme ça ? Puisque *Newsweek* vous le dit : « Les décennies ne sont pas liées au calendrier. Ce sont des tendances, des valeurs et des associations qui se télescopent et se fixent dans la mémoire collective. Elles commencent et finissent parfois en pleine nuit alors que tout le monde regarde ailleurs. »

Est-ce que Charles Lazarus qui a gagné 60 millions de dollars en 1987, comme PDG de Toys « Я » Us, s'est porté volontaire pour une mission du Corps de la Paix en 1988 ? Nous en doutons.

« Eh, frère, que la paix soit avec toi. » Est-ce ainsi qu'ils se saluent maintenant à Wall Street ? Est-ce que quelque chose a changé aux Etats-Unis comme le dit *Newsweek* ?

Lorsque vous commencez à surveiller les tendances, n'oubliez pas qu'elles sont inventées en général pour faire vendre des journaux ou des magazines, pas pour vous aider à promouvoir vos produits.

Pourtant, les gens du marketing ont tendance à croire plus aux images qu'à la réalité. « Le modèle marketing du consommateur continue à changer de manière profonde et irréversible » clame un gourou du management. « Aussi un changement fondamental est-il indispensable : il faut passer de la gestion de l'entreprise à la gestion du changement. »

Mais où sont ces changements ? Qu'est-il arrivé à cette société sans paperasse, sans liquidités et sans chèques ? Qu'est-il arrivé à cette société de la Troisième Vague, de la Deuxième Révolution industrielle, de l'Informatisation, où chacun travaille à domicile assis face à un terminal d'ordinateur/vidéotéléphone ?

Au fait, qu'est-il advenu même du vidéotéléphone ?

Possédez-vous votre hélicoptère ? Où est donc cet engin merveilleux qui devait remplacer votre voiture et ranger les autoroutes au magasin des accessoires ?

Recevez-vous sur votre écran de télévision ce journal électronique quotidien qui vous avait été promis il y a deux décades ?

La réalité semble ne jamais pouvoir rattraper les espérances. Le futur semble toujours être derrière le prochain virage.

Et pourtant, qu'advient-il quand vous vous asseyez à votre bureau pour rédiger un plan marketing ? « Dans notre domaine, tout évolue rapidement », ne doit pas manquer d'être votre première remarque.

Comme les vagues de l'océan, tout avance constamment. Mais ce sont ces changements à court terme qui vous empêchent de distinguer les tendances à long terme.

Par exemple, si vous appartenez à l'industrie alimentaire, l'accent est mis sur la volaille et le poisson. « Le bœuf est dépassé. On ne mange plus que de la volaille et du poisson. »

En réalité pourtant, la consommation de bœuf par individu excède la consommation totale de volaille et de poisson.

Mais la consommation de bœuf diminue, pourriez-vous imaginer. En fait, cette consommation par tête n'a cessé d'augmenter au cours de ces trois dernières années. Mais ce n'est là qu'une vague sur l'océan du changement. Ce qui pourrait se passer dans l'avenir est une toute autre affaire.

Le bureau du futur

Au cours des années qui viennent de s'écouler, il n'est pas de mythe sur lequel il y ait eu autant d'insistance que celui du bureau du futur. Pourtant, le bureau d'aujourd'hui ressemble beaucoup plus au bureau d'hier qu'à un quelconque « bureau de l'avenir ».

Ce matin, vous avez probablement pris une tasse de café, lu votre courrier, dicté quelques lettres, passé quelques coups de téléphone et extrait quelques dossiers de votre classeur. Votre homologue de la grande entreprise a probablement fait les mêmes choses... il y a 50 ans.

Qu'est devenu le bureau du futur ?

C'est quand même drôle de constater que le changement actuel le plus important dans le fonctionnement de la bureaucratie n'a rien à voir avec l'électronique. C'est l'irruption de Federal Express, le Pony Express du vingtième siècle.

Qu'est devenu le système de robotisation du bureau informatisé ?

Comme beaucoup de « projets d'avenir », celui du « bureau du futur » continue à errer quelque part dans des limbes futuristes et ne semble pas tendre vers une quelconque réalité.

Les mythes ont tendance à s'auto-alimenter. C'est pour cela, que le fait d'aller en première ligne, n'a aucun rapport avec la lecture de votre journal ou de votre revue spécialisée préférés.

Une fois qu'une idée comme celle du bureau du futur devient sujet de littérature, on en parlera toujours dans la presse. L'insistance développe l'insistance.

Que pensez-vous que lisent journalistes et rédacteurs ? Vous avez gagné. Ils lisent ce qu'écrivent les autres journalistes et rédacteurs. C'est nettement plus facile que de se creuser les méninges pour produire des idées originales.

Vous ne pouvez pas prédire l'avenir

Aussi ne bâtissez pas de plans dessus.

Megatrends, qui prévoyait une croissance de la consommation dans les Etats du sud-ouest des Etats-Unis, avait à peine atteint les devantures des librairies que le contraire se produisait. Le nord-est décollait, contrairement à la tendance, contrairement aux prédictions des « experts ».

Le numéro de *Fortune*, daté du 26 octobre 1987, est arrivé dans les kiosques le 12 du même mois avec la photographie d'Alan Greenspan, économiste n° 1 des Etats-Unis et président de la Réserve fédérale, en couverture.

« Pourquoi Greenspan est haussier » disait la couverture. Une semaine plus tard, le Dow-Jones faisait un plongeon de 508 points, perdant 22,6 % de sa valeur initiale. Greenspan a loupé le lundi noir de plusieurs encablures.

En 1917, déjà, le ministère de l'Intérieur prévoyait que les Etats-Unis n'avaient plus que 27 ans de réserves pétrolières. 58 ans plus tard, en 1975, le gouvernement américain repoussait la limite à 12 ans. Avons-nous manqué de pétrole en 1987 ?

Le problème est que les tendances à court terme sont autocorrectrices, exactement comme la Bourse. Une augmentation de la consommation de bœuf entraîne la hausse des prix du bœuf qui entraîne à son tour une baisse de la consommation.

De même, la demande de publicité télévisée a diminué. Il ne faudrait qu'une baisse minime des tarifs pour qu'elle soit relancée.

Un défaut essentiel

De nombreux plans de marketing présentent le défaut essentiel de s'organiser sur une stratégie basée sur la « prédiction ».

Rares sont les prédictions pertinentes. Elles sont généralement enterrées sous un tel fatras d'hypothèses que vous devez être un rhétoricien diplômé pour les formuler.

L'erreur la plus courante est l'extrapolation d'une tendance. Si vous en croyez les futurologues d'il y a quelques années, tout le monde, aujourd'hui, mange du poisson ou du poulet grillés.

Le point capital est que les habitudes fondamentales évoluent très lentement et que la presse, bien souvent, amplifie les petits changements. Il en résulte que les entreprises se trompent dans leurs interprétations de la situation. C'est pourquoi McDonald's et Burger King se sont précipités pour rattraper la mode du poulet. C'est pourquoi, aussi, qu'Avon se diversifie et s'éloigne de son concept initial de « vente à domicile ».

Le raisonnement qui consiste à considérer que l'avenir n'est qu'une répétition du passé est une autre erreur aussi importante que l'extrapolation d'une tendance. Quand vous supposez que rien ne va changer, vous énoncez une prédiction aussi catégorique que quand vous faites la supposition inverse.

N'oubliez jamais la loi de Peter : « L'inattendu arrive toujours. »

Une histoire édifiante : Slice

Slice est une boisson gazeuse non alcoolisée qui a été lancée par Pepsi-Cola sous deux aspects : boisson sucrée et boisson diététique.

En ce qui nous concerne, nous aurions recommandé de présenter Slice seulement comme un produit diététique, dans la mesure où compte tenu de sa composition cette boisson ne contient que 28 calories.

La raison de notre choix est qu'il eût été plus astucieux de proposer Slice comme un produit favorisant la forme physique et la santé. En d'autres termes, une boisson uniquement diététique aurait été un produit mieux ciblé, ce qui constitue toujours une bonne stratégie à développer dans une guerre de marketing.

Une stratégie concentrée sur le seul aspect diététique aurait laissé de côté le segment « boissons sucrées » qui représente déjà 80 % du marché. Quoiqu'il en soit, Slice a été introduit sous deux chapeaux. Il a du succès mais, à notre avis, pas autant que s'il avait été présenté uniquement comme un produit diététique.

Selon l'évolution actuelle du marché du marché des boissons non alcoolisées, le segment diététique est en train de croître aux dépens des versions sucrées. A l'heure actuelle, par exemple, 27 % de tous les cocas vendus sont des cocas diététiques.

Dans le cas de Slice, comme vous pouvez vous en douter, la version diététique est nettement plus vendue que la version sucrée. Nous pensons que présentée seulement en version diététique, Slice aurait conquis une part de marché encore plus grande. La publicité aurait pu mettre en valeur la forme physique et la santé. Quelque chose comme : « Slice ajoute du jus de fruit et supprime des calories », par exemple.

Chaque produit pris individuellement ne « suit pas toujours le marché ». Malgré le fait que les produits sucrés représentent 73 % du marché des cocas, la version décaféinée du Coca-Cola sans sucre est quatre fois plus vendue que la version sucrée.

Vous ne pouvez pas prédire le comportement de l'ennemi

Les généraux qui élaborent des plans militaires basés sur la « connaissance » de ce que l'ennemi va faire « prédisent son comportement », ce qui est une autre manière de prévoir. Très souvent, ces généraux font les généraux vaincus.

Les généraux victorieux sont ceux qui ont tendance à établir des plans qui sont exécutables quel que soit le comportement de l'ennemi. Ce qui constitue l'essentiel d'une bonne stratégie.

Quand vous prédisez le comportement de l'ennemi, vous achetez un billet d'une loterie qui met l'avenir de votre entreprise en jeu.

Le jeu peut être une bonne chose à Las Vegas, à Atlantic City ou à Wall Street. Mais ce n'est pas le cas en matière de marketing.

Vous pouvez faire l'avenir

Il existe aussi une différence entre « prédire » et « faire » l'avenir.

Quand vous prédisez, vous comptez sur un changement de mode de consommation dans un proche avenir. Vous êtes sur votre planche de surf, prêt à partir.

Quand vous faites l'avenir, vous introduisez un produit ou un service dont le succès va « créer » une tendance. En fait, vous matérialisez le désir latent d'un nouveau type de produit. Dans une analogie militaire, nous appelons cette démarche, un contournement.

Toute bonne attaque latérale permet de devancer le cours des événements. Elle est indépendante de tous les développements extérieurs à son aire d'intervention immédiate.

Orville Redenbacher a parié, avec son Gourmet Popping Corn, sur le fait que les consommateurs paieraient deux fois plus cher un pop-corn haut de gamme. Un pari très défendable dans la riche société d'aujourd'hui.

Il y a plusieurs années, la firme Stouffer's a parié que les consommateurs paieraient 3 dollars pour un plat surgelé. Elle a conçu un produit haut de gamme (une nourriture gastronomique légère) et lui a donné un nom approprié (Cuisine légère).

Stouffer's a créé le marché du plat gastronomique surgelé. Elle vend aujourd'hui plus de 300 millions de dollars par an de Cuisine légère.

Tendances et modes

Il existe un certain nombre de tendances à long terme qui sont profondément différentes des changements à court terme qui se produisent sans arrêt.

Sur la décennie 1970-1980, la consommation de cigarettes est passée de 37 à 33 % de la population adulte. (Cette diminution de 4 % a sérieusement secoué l'industrie du tabac.)

Les tendances à long terme évoluent très lentement. Les fumeurs ne se réveillent pas au milieu de la nuit pour prendre la décision d'arrêter.

En 25 ans, la consommation individuelle de café est passée de 3,1 tasses à 1,7 tasse par jour.

Cette diminution va-t-elle se poursuivre ? Il y a de fortes raisons de le croire. 79 % des adultes de 60 ans et plus boivent du café contre 41 % seulement des adultes de 20 à 29 ans. La consommation de café continuera à décroître.

Comment pouvez-vous distinguer une mode d'une tendance ? Un vidéotéléphone d'un magnétoscope ? Une vague de la marée ?

Ce n'est pas facile. Pour commencer, une tendance doit être observée sur une décennie ou plus. Même dans ce cas, vous ne pouvez être tout à fait sûr des choses.

Par exemple, aux Etats-Unis, la consommation de bœuf est passée de 40 kg par individu et par an en 1975 à 35 kg en 1980. Puis, elle a recommencé à croître.

Juste au moment où tout le monde pensait que le jogging allait remplacer le base-ball comme sport favori des Américains, voilà que le jogging a perdu la cote. Alors, que pouvons-nous imaginer quant à l'évolution de la toquade actuelle pour les centres de mise en forme ?

Difficile à dire.

Plus personne ne fume

Une autre manière de distinguer tendance et mode est de rechercher une cause et un effet. Le déclin de la consommation de cigarettes n'est pas qu'une diminution de consommation ; c'est aussi une conséquence du rapport de 1964 du ministère de la Santé sur le tabagisme et de la campagne anti-tabac qu'il a induite.

En 1964, aux Etats-Unis plus de la moitié des hommes adultes fumaient, aujourd'hui, la proportion est tombée à moins de 40 %. (Pour les femmes, le pourcentage est passé de 33 à 29 %.)

Plus significatif encore : deux tiers des médecins qui fumaient en 1964 se sont arrêtés. A cause de leur influence sur le reste de la population, ces médecins non fumeurs vont entraîner la poursuite de la tendance.

En outre, la plus forte des tendances entraîne l'apparition d'exagérations. (Deux femmes déjeunent ensemble et l'une fait remarquer à l'autre : « Plus personne ne fume. »)

Mais elle n'a que partiellement raison. En 25 ans, la diminution de la population de femmes adultes qui fument a été de 4 %.

Bref, il est aussi excitant et dynamisant de guetter le moment où une femme va arrêter de fumer que de regarder pousser de l'herbe.

« Plus personne ne fume » est à ranger dans la même catégorie que les énoncés du type « plus personne ne mange de pain blanc ». (Le pain blanc représente aujourd'hui 70 % des ventes de pain.)

Et pourtant, l'usage du tabac et la consommation de pain blanc sont en nette diminution. C'est une tendance forte. Ce qui nous conduit à observer une autre différence entre tendance et mode.

Les tendances impliquent des évolutions lentes

« Tout le monde travaille » est encore une de ces exagérations. Aujourd'hui, 55 % des femmes ayant des enfants en dessous de 6 ans travaillent.

Mais, il y a 8 ans, cette proportion était de 45 %. Aussi la tendance à l'augmentation (et c'est une tendance nette) est de l'ordre de 1 % par an.

« On vit plus vieux. » Certes nous vivons plus longtemps et l'âge médian de la population croît. Mais avant de réviser votre plan marketing, jetez quand même un œil sur la réalité.

En 1950, la médiane était à 30 ans, aujourd'hui elle est de l'ordre de 32 ans. Il a fallu près de 40 ans pour que la population (prise dans son ensemble) vive 2 ans de plus.

Et encore, ces chiffres masquent-ils une de ces vagues périodiques qui balayent les statistiques. De 1950 à 1970, l'âge médian a diminué de 30 à 28 ans.

Aussi avons-nous traversé deux décennies de mythe « les gens meurent plus jeunes » suivies par deux décennies de mythe « les gens vivent plus vieux ».

En fait, les mythes varient beaucoup plus que la réalité.

Généralement, une tendance implique un changement lent. Une mode est généralement passagère : elle s'impose beaucoup plus vite et se termine brusquement.

Le krach boursier de 1987 illustre la différence entre les deux. Si vous aviez, par exemple, acheté des actions le dernier jour de transactions de l'année 1986 et que vous les ayez vendues le dernier jour de transactions de 1987, quelle aurait été l'amplitude de vos pertes ?

Autrement dit, à quel point l'année 1987 a-t-elle été mauvaise ? En réalité, l'indice Dow-Jones atteignait 1896 points à la fin de 1986 et 1939 points, fin 1987. C'est dire que votre portefeuille aurait progressé de 2,3 % au cours de l'année.

Le mini-krach de 1987 n'a été qu'un événement passager dans une tendance à long terme où la valeur des actions augmente.

Vous saviez que le succès des montres à affichage numérique ne serait qu'une mode dès lors que leurs ventes ont décollé en un rien de temps. Deux ans plus tard, vous auriez dû percevoir que la mode des canettes de vin blanc pétillant (wine coolers) aux Etats-Unis ne tarderait pas à disparaître (to cool off) dès que leurs ventes auraient explosé.

Par contre, les ventes de fours à micro-ondes ont augmenté très lentement. Aujourd'hui, plus de la moitié des foyers sont équipés. C'est un pourcentage plus élevé que celui des machines à laver la vaisselle.

Le télécopieur est, dans l'environnement de l'entreprise, un produit comparable au four à micro-ondes. Ses ventes ont décollé très lentement, comme celles des fours à micro-ondes.

Aujourd'hui, son usage se répand avec une telle rapidité qu'il sera difficile au service postal classique, concurrent naturel du télécopieur, de résister.

Une autre différence entre la tendance et la mode est que cette dernière est l'objet de toute l'attention de la presse. Une mode est une nouvelle en soi parce qu'elle traduit un événement qui se déroule rapidement. Les tendances sont beaucoup moins bien traitées parce qu'elles évoluent lentement.

Attention, vous pouvez boire le bouillon en vous jetant trop rapidement sur une tendance. Il est indubitable qu'à la suite de la libération des prix, le trafic aérien aux Etats-Unis a augmenté. Mais Harding Lawrence, PDG de Braniff, s'est un peu trop empressé d'acheter 40 nouveaux avions et d'ouvrir 16 nouvelles routes en un jour. C'est ainsi que la compagnie est passée d'un profit net de 45 millions de dollars en 1978 à une perte de 44 millions de dollars en 1979 quand l'économie américaine a subi la récession et que le prix du pétrole a doublé.

Une tendance à la croissance du niveau des désirs

Il existe, cependant, une tendance qui rend compte pour une grande part du succès des produits haut de gamme comme la BMW ou la Rolex. Cette tendance pourrait être appelée celle de la croissance du niveau des désirs.

Comparez, par exemple, le niveau des revenus aux Etats-Unis en 1960 et en 1985, un quart de siècle plus tard. Le revenu familial médian en 1960 était de 5 620 dollars, vingt-cinq ans plus tard, il atteignait 27 735 dollars, soit presque cinq fois plus.

Sans doute ces vingt-sept billets de mille dollars ne permettaient pas d'acheter cinq fois plus de biens et de services mais la plupart des gens se sentaient plus aisés parce qu'ils avaient tout cet argent dans leur porte-monnaie. (Et en réalité, ils étaient encore plus aisés car l'indice des prix moyens à la consommation ne représentait que 3,6 fois celui de 1960.)

Mais en 1985 les consommateurs n'avaient pas seulement plus d'argent dans leur poche, ils avaient également davantage de diplômes au mur.

En 1960, moins de 8 % des adultes de 25 ans et plus avaient un diplôme de premier cycle de l'enseignement supérieur. En 1985, la proportion s'élevait à presque 20 %. Un diplômé de Harvard ou de Princeton se serait-il satisfait d'une voiture ordinaire ? Ils veulent des Volvo et des BMW, qu'ils puissent en assumer le prix ou pas.

Le rôle des études

Vous pourriez penser que dans le cadre d'un « contrôle des tendances », nous allions faire grand cas des études.

Et bien, non !

La plupart des données qui vous sont nécessaires pour élaborer un plan de marketing efficace peuvent être recueillies à la bibliothèque locale, auprès des institutions gouvernementales ou dans votre journal professionnel favori. Ces recherches permettent de savoir ce qui ce passe réellement.

C'est quand vous utilisez les études pour essayer de déterminer ce que les consommateurs vont faire que vous rencontrez des problèmes.

Les personnes interrogées lors d'enquêtes répondent souvent de la manière qu'ils pensent être, socialement, la plus valorisante. C'est particulièrement vrai lorsque les groupes étudiés sont observés au travers de glaces sans tain.

L'astuce est de mettre en œuvre des moyens qui permettent d'obtenir les réponses que les gens gardent pour eux. Qui avouera qu'il mange en restauration rapide plutôt que dans un restaurant gastronomique ? Combien de dirigeants admettront qu'ils ont horreur d'écrire des lettres ou qu'ils sont mal à l'aise devant un clavier d'ordinateur personnel ? Qui admettra aussi de trop utiliser le téléphone ?

Faites le contraire

Il y a toujours un marché pour qui perçoit les choses d'un point de vue différent.

Au cours des cent dernières années, l'élection présidentielle américaine la plus tranchée a été celle de 1929. Au cours de cette élection, le républicain Warren G. Harding a recueilli 61,6 % des voix alors que son adversaire, le démocrate James M. Cox, n'en recueillait que 34,9 %. (Le socialiste Eugene V. Debs se contentait du score de 3,5 %.)

Dans la défaite électorale présidentielle la plus éclatante du siècle, le vaincu mobilisait quand même sur son nom plus d'un tiers des votes. Dans de nombreuses catégories de produits la marque en tête ne possède même pas cette part du marché.

Qu'est-ce qui fait un démocrate ? Un grand nombre d'entre eux le deviennent parce qu'ils abhorrent les républicains. Quand les dirigeants syndicaux savent quel parti reçoit le plus de contributions patronales, devinez quelles seront leurs consignes de vote.

Qu'est-ce qui fait un républicain? Le même principe s'applique.

Dans la mesure où la plupart des entreprises s'empressent de suivre la mode, vous pouvez souvent devenir le héros du jour en faisant justement le contraire.

Supposez que vous receviez la mission de trouver des produits nouveaux.

En observant qui sont les gagnants et les perdants des guerres de marketing, vous pouvez remarquer qu'un grand nombre de produits qui ont du succès sont ceux qui allaient à l'encontre des tendances du marché.

En d'autres termes, si tout le monde fait une chose donnée, essayez de faire le contraire.

Le surgelé Cuisine légère a été un grand succès, aussi l'entreprise All Americain Gourmet Company a mis au point une tactique contraire : un produit de bonne qualité à un prix très bas. Sa ligne de produits Budget Gourmet occupe 15 % du marché des plats surgelés.

Une des raisons pour lesquelles les bières importées ont si bien réussi aux Etats-Unis est qu'elles étaient plus amères par comparaison aux bières américaines plus douces. Maintenant, l'introduction de l'Amstel légère tente de renverser la situation.

Et, comme Budget Gourmet, Amstel légère est un grand succès.

L'Histoire est riche d'entreprises bâties sur le principe du « faisons le contraire ». Alors que tout le monde courait derrière IBM dans le domaine des gros ordinateurs, DEC introduisit le mini. Dans la foulée, Digital Equipment Company est devenu le deuxième constructeur de matériel informatique mondial.

Alors que General Motors pensait « grand », Volkswagen pensait « petit ». Juste au moment où l'industrie automobile abandonnait les décapotables, Lee Iaccoca les a relancées.

Ainsi va la vie. La tendance actuelle est au « format familial ». Or, le nec plus ultra de l'alimentation future semble être le plat individuel. A mesure que les chaînes de restauration rapide se transforment en de gigantesques restaurants traditionnels, il apparaît que leurs clients habituels, en nombre de plus en plus grand, les traversent en s'arrêtant à peine.

La conclusion est, ici, évidente. Inventez une façon de faire, exactement contraire à ce que fait tout le monde, et il n'est pas exclu que votre produit soit bientôt à la mode et hautement recherché.

La place de la réalité

Tout plan de marketing nécessite une forte dose de réalisme. Pourtant la tentation de s'échapper vers le grand large est parfois irrésistible.

Les échanges autour d'une table de réunion sont souvent des généralités telles que : « Tout le monde boit Perrier », « Plus personne ne fume », « Les automobiles d'origine nationale sont dépassées ». Vous voyez ce que nous voulons dire !

Ne menez pas votre réflexion autour d'une table. Il est trop facile de se laisser mener en bateau par ceux qui suivent toutes les modes.

Steak & Ale, une chaîne de restaurants appartenant à Pillsbury, s'est mis dans la tête que plus personne ne mangeait de steak. Pensez donc, avec tous ces articles de presse concernant le dangers d'un taux de cholestérol élevé. Aussi, Steak & Ale ajouta des crevettes, du poisson et du poulet à son menu... et le chiffre d'affaires plongea aussitôt.

Dans ces conditions, la chaîne revint à ses premières amours mais l'escapade sur le terrain de la nourriture « saine » a détruit son dynamisme... qu'il lui est difficile de retrouver.

Etre réaliste n'est pas très excitant, c'est d'ailleurs une des raisons pour lesquelles les écoles de commerce évitent de l'être. Ce qu'elles enseignent c'est « évoluez avec le marché ».

Dans neuf cas sur dix, le marché suit la mode la plus récente. Celle qui va, c'est couru d'avance, changer la semaine prochaine.

Vous ne pouvez pas piloter votre entreprise en tentant de chevaucher chaque vague décrite par le *Wall Street Journal* ou le *New York Times*. Vous gouvernez votre bateau en essayant de tenir compte d'événements à plus ou moins long terme, non de chaque vague.

Malheureusement pour votre planification à long terme, en général la presse ne repère les nouvelles tendances que lorsqu'il est trop tard pour que vous puissiez les saisir.

Chapitre 4

Concentrez vos forces

Vous êtes allé sur le terrain et vous vous êtes immergé dans les détails. Vous n'avez pas cessé de surveiller les tendances qui peuvent influencer votre marché en guettant toute évolution à long terme. Et maintenant, qu'allez-vous faire ?

Vous allez concentrer vos forces sur une cible délimitée.

Tout au long de l'histoire, des batailles ont été gagnées parce que des généraux ont été en mesure de concentrer leurs forces en des points décisifs. En d'autres termes, ils ont pu concentrer leurs forces en un secteur du front particulier.

« Gardez vos forces concentrées de manière à former une masse surpuissante », disait Clausewitz. « L'idée fondamentale. Vers laquelle il faut toujours tendre, par dessus tout et aussi longtemps qu'il est possible. »

Wellington a gagné la bataille de Waterloo parce qu'il a pu lancer ses alliés prussiens dans le creuset au moment capital. Napoléon a perdu la bataille de Waterloo parce qu'il a été incapable de concentrer ses forces sur un seul ennemi à la fois.

Le contraire de nos réflexes

La concentration est un concept dont la mise en œuvre a des effets très puissants parce que sa pratique est à l'opposé des comportements habituels. Sur le terrain, le chef est soumis à une pression qui le pousse à déclencher de nombreuses petites escarmouches. Aussi disperse-t-il ses forces. Quand le moment crucial arrive, il ne possède plus cette force de frappe supérieure qui fait les victoires.

C'est la même chose en marketing. Aucune, parmi les entreprises dont nous avons analysé le comportement, ne mène vraiment une guerre. Chacune d'entre elles est engagée dans une multitude de « feux de brousse » où ses forces se diluent. Aussi, les forces manqueront lorsque viendra le moment de saisir une nouvelle opportunité.

A cet égard, la nature humaine suit la nature elle-même. L'entropie est la grandeur au moyen de laquelle les physiciens mesurent le degré de désordre d'un système. Dans un système fermé, tel que notre univers, l'entropie est constamment croissante et l'énergie disponible diminue.

Vous pouvez constater que dans l'entreprise d'aujourd'hui la tendance humaine naturelle est à la dispersion des forces. Pour trouver de nouveaux marchés, de nouveaux produits et de nouvelles applications de produits existants. Pour étendre des lignes de produits existants, pour tirer parti des correspondances entre les raisons sociales et les noms de marques. La diffusion est à l'ordre du jour. (L'effet de marque est le dernier nom de baptême du concept de diffusion.)

Sans intervention extérieure, dans tout système clos (et la grande entreprise en est un bon exemple) l'entropie augmente constamment. L'énergie disponible diminue et l'entreprise devient vulnérable à toute attaque de concurrent – à Wall Street aussi bien que dans les rues commerçantes.

Des glaces fondantes

Observez, par exemple, les stands de dégustation de glaces Häagen-Dazs. D'après le *Wall Street Journal*, ils pourraient bientôt n'être plus qu'un souvenir.

Pillsbury, propriétaire des 325 boutiques à l'enseigne Häagen-Dazs, inquiet de voir leur chiffre d'affaires diminuer sans cesse, envisage de les fermer.

Où est le problème ? Les supermarchés vendent les mêmes glaces Häagen-Dazs à des prix inférieurs. Comment en est-on arrivé là ? Par extension de la chaîne, bien évidemment.

L'ennui est que l'idée d'augmenter les points de vente paraît tout à fait logique. « Nous pouvons tirer avantage de notre réputation en vendant la même glace en deux endroits différents. La boutique va créer la demande et permettre aux consommateurs de goûter les diverses créations. Les supermarchés généreront du chiffre d'affaires. »

Et la recherche de synergies a encore frappé. Quand donc les entreprises comprendront-elles que le succès, ce n'est que cela ? Une voie et une seule, pas deux, trois, six douzaines ou plus encore. En un mot comme en cent : concentrez.

Au cours de la Deuxième Guerre mondiale, les attaques victorieuses ont été lancées le long d'un axe unique, pas sur un large front.

Quittez la route

Les avatars d'American Motors constituent probablement la meilleure illustration du principe selon lequel il est illusoire de courir deux lièvres à la fois.

Existe-t-il encore quelqu'un pour croire qu'American Motors n'aurait pas mieux réussi aux cours de la dernière décennie en se concentrant sur la gamme des jeeps, génératrice de tant de profits, et en abandonnant celle, déficitaire, des voitures particulières ?

Et oui ! Joseph E. Cappy y croit encore ! « Pour réussir dans la construction automobile, dit le président d'American Motors, il faut se reposer sur deux jambes. L'une est la jeep, l'autre, la voiture particulière. » (Dans le monde du marketing, c'est le contraire qui est vrai.)

Ces mots sont anglais mais l'accent est plutôt français car American Motors était le distributeur de Renault. On peut se demander si Renault convoitait American Motors pour lui faire gagner de l'argent ou pour promouvoir les voitures de sa marque.

A présent, alors qu'American Motors n'est plus parmi nous, que veut faire Chrysler, son nouveau propriétaire ?

Laisser tomber la gamme des voitures particulières et rebaptiser le réseau de vente « Jeep ». Une excellente démarche pour commencer le recentrage de l'entreprise.

Mais le deuxième mouvement de Chrysler a torpillé le premier. Le constructeur a lancé une nouvelle gamme de voitures particulières, Eagle, à commercialiser par le réseau Jeep/Eagle.

La même erreur que celle du début.

Si vous allez sur le terrain, chez le marchand lui-même, vous pouvez observer quels sont les dommages provoqués par cette déconcentration. Dans le cas de la commercialisation d'une seule gamme de jeeps, la force de vente peut être recrutée parmi des individus hautement « motivés » par des véhicules 4x4, fonctionnels et solides. Le service de maintenance peut également être constitué de spécialistes.

Avec deux gammes sur les bras, la force de vente et les équipes de service doivent être polyvalentes. Quand un client éventuel se présente, le vendeur ne dit pas : « Bienvenue au royaume du 4x4 fonctionnel et pratique. »

Il commence par dire : « Que souhaitez-vous acheter ? »

« Nous vendons tout » est une stratégie à peu près aussi efficace que celle d'une église qui tenterait d'attirer tout un chacun en organisant des services religieux catholiques et protestants. (« Allumez les bougies au pied de la Vierge Marie, c'est l'heure de la messe de 17 heures » aurait dit l'organisateur.)

Est-il illogique de concentrer ses efforts ?

Si les bénéfices en sont si évidents, pourquoi les entreprises ne sont-elles pas plus nombreuses à pratiquer une approche marketing ciblée ?

Pour une raison simple : les bénéfices n'en sont pas si évidents. Au premier abord, une telle approche semble devoir réduire le chiffre d'affaires.

Considérez une boutique de chaussures qui réalise 80 % de son chiffre d'affaires en vendant des chaussures pour femmes et 20 % en vendant des chaussures pour hommes.

Si elle se spécialise dans la chaussure pour femmes, il semble logique que son chiffre d'affaires diminue de 20 %.

C'est, en effet, ce qui arriverait... si l'abandon de la chaussure pour hommes était la seule mesure envisagée.

Voilà la raison pour laquelle vous ne pouvez évaluer la valeur d'une tactique de manière intrinsèque. Vous devez transformer la tactique en stratégie, puis vous poser la question : « Est-ce qu'une stratégie axée uniquement sur la chaussure pour femmes va rendre mon magasin plus concurrentiel ? »

Mais cette question n'est pas la première que vous devez vous poser. Pour transformer, en effet, une tactique en stratégie, vous devez envisager de remettre en question l'ensemble de votre stratégie marketing.

Il est peu probable, par exemple, qu'une boutique de chaussures pour femmes puisse porter un nom évoquant le concept de famille nombreuse. Changez-en l'enseigne.

La même analyse doit être appliquée à tous les autres aspects du commerce, les modèles en stock, l'étalage, la fixation des prix et, bien sûr, la publicité.

La tactique est l'angle d'attaque, et la stratégie est le moyen permettant de mettre en œuvre de façon efficace la tactique choisie.

Bien évidemment, quand nous faisons référence à une tactique, nous entendons une tactique intrinsèquement concurrentielle. Dans l'exemple précédent, nous avons supposé que la concurrence était constituée de commerces de chaussures à la fois pour hommes et pour femmes. Concentrer ses efforts signifie choisir un marché plus étroit que celui de la concurrence.

Si vos concurrents ont déjà concentré leurs efforts en développant des commerces spécialisés, il vous faudra trouver une autre tactique.

Pourquoi le choix d'une cible étroite est-il meilleur que celui d'une cible plus étendue ?

Dans un cas donné, il se pourrait qu'un généraliste soit plus compétent qu'un spécialiste, mais l'esprit humain pense, en général, l'inverse.

Préféreriez-vous, par exemple, que votre opération de chirurgie cardiaque soit exécutée par un médecin généraliste ou par un chirurgien spécialisé en cardiologie ?

Préféreriez-vous que votre Cadillac soit révisée par le mécano du poste à essence du coin ou par le concessionnaire de la marque chez qui vous avez acheté votre véhicule ?

Achetez-vous vos chaussures dans un grand magasin ou dans une boutique spécialisée ? La plupart des gens se fournissent dans un magasin de chaussures.

Dans l'esprit humain, le spécialiste l'emporte.

Saisir de quoi il s'agit

Vous ne pouvez pas vous mettre à concentrer vos efforts si, en fin de compte, vous n'avez pas bien saisi de quoi il s'agit. Quel est le problème ? Qu'est-ce qui empêche votre entreprise de décoller ?

La poursuite de ce processus exige objectivité et honnêteté intellectuelle. L'essentiel est de comprendre les problèmes et de les aborder de front. Trop de cadres évitent de prendre des décisions qui ne vont pas dans le sens de ce qui a été décidé antérieurement ou tentent simplement de ménager les susceptibilités.

Bien trop souvent, les équipes de marketing n'arrivent pas à se mettre d'accord sur leur problème n° 1, ni même à l'identifier. Ils ont tendance à s'accorder sur des énoncés vagues, mal définis du genre : « Comment faire pour continuer à nous développer au rythme annuel de 15 % ? » ou « Comment faire pour améliorer le rapport de nos investissements ? »

Ce ne sont pas là de vrais problèmes. Ce sont des objectifs exprimés sous forme de problèmes. C'est comme si vous

vous posiez la question : « Comment vais-je faire pour devenir directeur général ? »

Vous ne rencontrerez pas ce problème à l'intérieur de l'entreprise, vous ne le rencontrerez même pas sur le marché.

Invariablement, le problème réside dans l'esprit du consommateur ou celui du client éventuel. Aujourd'hui le marketing est un combat d'idées, ce n'est pas un combat de produits ou de services.

Certes, vous devrez réfléchir aux changements effectifs que vous devrez apporter à vos produits ou vos services. Peut-être même que vous devrez modifier le nom de votre entreprise. Mais tous ces changements viendront plus tard, une fois triées les perceptions diverses qui traînent dans les esprits.

Si vous travaillez pour Volkswagen, vous devrez assumer le fait qu'aux Etats-Unis, la VW est perçue comme une petite voiture, bon marché, fiable, et que ces caractéristiques ne peuvent pas être modifiées.

Si vous travaillez pour Coca-Cola, vous devez assumer que le Coca nouveau est un échec et qu'il doit être retiré du marché afin que la marque principale, le Coca traditionnel, puisse faire l'objet d'une campagne publicitaire bien ciblée. Et cela est vrai même si des tests de goût ont montré de manière définitive que le Coca nouveau a meilleur goût que la marque traditionnelle.

Nos perceptions sont notre seule réalité. Si vous travaillez pour Anheuser-Busch, vous devez assumer le fait que les affaires vont mal pour Michelob et qu'elles vont mal depuis que l'entreprise a abandonné sa stratégie « Michelob, c'est le top niveau ».

Si vous travaillez pour General Motors, vous devez assumer le fait que la Cadillac ne peut pas concurrencer la Mercedes-Benz, même si le modèle de Cadillac est une Allanté à 56 000 dollars.

Si vous travaillez pour la société de télécommunication Western Union, vous devez assumer le fait que vous ne pouvez pas diriger une entreprise du vingtième siècle avec un nom qui date du dix-neuvième.

D'une manière générale, est-ce que ceux qui travaillent pour Volkswagen, Coca-Cola, Anheuser-Busch, General Motors ou Western Union, croient ce que nous venons de dire ? Probablement pas. La notion de concentration des efforts porte en soi un certain aspect illogique.

En outre, ils connaissent les faits. Ils connaissent les résultats des comparaisons de produits, des tests de goûts, des essais sur route. Ils savent qu'ils fournissent de bons produits qui méritent une plus grande part de marché. La seule chose qu'il leur faut, c'est modifier un petit nombre de perceptions ou d'images.

Comment traiter les images ?

C'est là un point de différence essentiel entre le marketing traditionnel et le marketing participatif. La modification des images est le *modus operandi* du marketing traditionnel.

Traiter, gérer les images est l'a.b.c. du marketing participatif.

Vous gérez les images en introduisant des modifications dans l'entreprise ou dans ses produits, non pas en tentant de changer l'environnement. Quand le bateau fuit, vous ne tentez pas d'assécher le lac. Vous essayez de réparer le bateau.

Souvent, les entrepreneurs se trompent de priorités. Ils s'imaginent qu'ils doivent tomber amoureux de leurs produits ou services avant de pouvoir les lancer sur le marché : « Si dans le fond de mon cœur, je sais que notre produit est supérieur, je suis alors certain de trouver les mots justes, les images percutantes et la stratégie victorieuse qui me permettront de convaincre mes interlocuteurs. »

Tomber amoureux de soi-même est une illusion dangereuse. Cela obscurcit l'esprit et embrume la réflexion.

Quand vous pratiquez le marketing participatif, vous essayez de tirer parti des images qui existent. Vous ne tentez pas de changer les esprits de vos prospects.

Pour saisir une occasion, vous devez vous concentrer sur une idée particulière, puis la généraliser.

Le marketing est un jeu où l'idée simple l'emporte sur l'idée complexe, où l'idée unique l'emporte sur les croyances multiples.

Pour en comprendre les raisons, retournez à l'origine, à l'esprit du client ou du prospect. Comment allez-vous pénétrer un esprit, son esprit ? En choisissant un message que vous répéterez inlassablement en lui donnant des formes différentes ? Ou en préparant de nombreux messages différents ?

Quand un message entre en conflit avec un autre, vous entrez en fait en concurrence avec vous-même. Vous introduisez la confusion dans l'esprit de votre client éventuel. Qui êtes-vous et que défendez-vous ? Les prospects résistent violemment à l'idée de donner deux positions différentes à un même produit ou à une même entreprise.

Si vous êtes responsable d'une marque, vous devez avoir le courage de dire « non » à toute proposition d'étendre la gamme en vous appuyant sur la notoriété de votre nom de marque dans le but d'augmenter les bénéfices.

Le chant des sirènes

L'extension de gamme s'appuie sur des arguments financiers solides qui accompagnent les visions idylliques de développement dansant dans les esprits des dirigeants. Les grands patrons se voient déjà recueillant des bénéfices gratuits en échange d'investissements nuls à mesure qu'ils « voyagent à l'œil » en profitant de leur image de marque.

Malheureusement, les repas gratuits n'existent pas, et vient toujours le moment où il faut régler l'addition. Par exemple :

1. Les papiers Scott ont mis leur label Scott sur tant de produits (ScotTissus, Scottkins, Scotties, ScotTowels) que

le mot « Scott » a perdu toute signification sur quelque liste de courses que ce soit. C'est alors qu'intervint un certain M. Whipple et ces papiers de toilette Charmin qui ravirent la première place aux papiers hygiéniques Scott.

2. Sara Lee a perdu 8 millions de dollars en essayant d'entrer sur le marché des plats et des desserts surgelés.
3. Xerox a perdu des millions de dollars à tenter de vendre des appareils qui ne pouvaient pas faire de photocopies. (Ce n'étaient pas des photocopieuses mais des ordinateurs.)
4. Sous la marque Life Savers on trouvait à la fois une sucrerie et un chewing-gum; ce fut un échec. Puis l'entreprise a lancé le chewing-gum sous un autre nom. Bubble Yum, car c'est son nom, est un énorme succès. On en vend plus que des sucreries Life Savers.
5. Procter & Gamble, un des derniers remparts contre l'extension de gamme, a fini par craquer, succombant aux chants des sirènes, en lançant le shampooing et le baume démêlant Ivory : deux produits qui ne mènent nulle part.

L'extension de gamme

Nous pourrions continuer l'énumération, mais depuis des années nous n'avons pas réussi à dégonfler cette baudruche appelée extension de gamme. Secteur après secteur, tous ont fini par y plonger. Chaque grand brasseur a lancé sa bière « légère » à coups de millions et avec des résultats plutôt négatifs si l'on tient compte de l'impact sur la marque principale dans le bilan.

Des cinq marques de cigarettes les plus importantes à l'époque de nos vingt ans, nous sommes passés aujourd'hui à plus de 269 marques. La plupart d'entre elles ne sont que des extensions de gamme. Et dans les deux cas, bières et cigarettes, les ventes sont constantes ou en diminution. Résultat : plus de frais et moins de ventes pour chaque fabricant.

Quand un produit est conçu dans le but de plaire à tout le monde, il finit par ne retenir l'attention de personne. L'extension de gamme, sous toutes ses formes, est un processus auto-destructeur. A long terme, elle tend à détruire l'assise sur laquelle repose le produit initial, les profits qu'il entraîne et son concept de création.

Dans le cas de produits sous cellophane, il existe certaines conditions qui entraînent des extensions de gamme. A long terme, cela affaiblit aussi bien la marque que les catégories de produits elles-mêmes. En fait, tout produit qui supporte de nombreuses extensions de gamme est un produit vulnérable à long terme.

Il existe deux raisons qui conduisent des entreprises à soumettre leurs gammes à des extensions.

1. *Des marchés stagnants ou en déclin.* Par exemple, bières, cigarettes, café, céréales de petit déjeuner.
2. *Des mouvements de consommateurs relatifs à des additifs*. Par exemple : caféine, nicotine, sodium, sucre, richesse en calories.

La prolifération de produits due aux extensions de gamme a conduit les revendeurs, chez qui l'espace de linéaire disponible est une denrée en voie de disparition (comme au Japon les terrains à bâtir), à exiger des « commissions de référencement ». A l'insulte s'ajoutait l'outrage.

De plus, l'extension de gamme entraîne généralement une réduction de la demande des consommateurs pour des catégories entières de produits.

Quand vous voyez de la mayonnaise légère Hellmann's sur l'étagère, que pensez-vous ? Qu'il doit y avoir un sacré paquet de calories dans la mayonnaise Hellmann's traditionnelle ! Est-ce là, le message qu'Hellmann's désire réellement faire passer ?

La tentation de devenir généraliste

Bon nombre d'entreprises essayent de devenir généralistes. Cette tendance à vouloir être tout pour tout le monde serait risible si elle ne présentait pas autant de conséquences dramatiques pour les actionnaires et le personnel. (Vous souvenez-vous de la « TransPacific Airline & Storm Door Company » dans la litanie du vieux Bob Newhart ?)

Mais ne vous y trompez pas. La sagesse des nations considère que la marque généraliste est supérieure à la marque spécialisée. C'est bien pour cela que l'extension de gamme constitue une technique à la mode dans le monde actuel du marketing.

Attention, nous ne parlons pas des commerces familiaux mais des grandes entreprises avec des départements marketing évolués. Des entreprises comme Colgate-Palmolive, par exemple, qui a détruit le sens de la plupart de ses marques.

Question : qu'est-ce qu'un produit Colgate ? Une pâte dentifrice, une brosse à dent, une poudre dentifrice, une savonnette, une crème à raser ou une poudre à laver la vaisselle ?

Réponse : tout ce qui vient d'être cité.

« Etendre le territoire de la marque » est devenu le maître-mot du jour et des entreprises comme Coca-Cola parlent de « Mégamarques ».

Au nom du rapport coût/efficacité et de la croissance du chiffre d'affaires, les entreprises sont prêtes à transformer une marque « spécifique » qui correspond bien à un produit donné en une marque-ombrelle qui va représenter deux, trois ou plusieurs types de produits.

Chevrolet, par exemple, commercialise un ensemble époustouflant de 31 modèles de voitures présentées sous 12 noms différents. Cela va des Chevettes à 5 000 dollars aux Corvettes à 30 000 dollars. Et, en plus, Chevrolet commercialise une gamme de camions.

Qu'est-ce qu'une Chevrolet ? Chevrolet est une voiture ou un camion, de petite taille ou de grande taille, bon marché ou cher. Chevrolet est le dernier cri du généraliste. Quoi que vous désiriez, vous le trouverez chez Chevrolet.

C'est peut-être la raison pour laquelle Chevrolet a perdu sa première place de vendeur d'automobiles au profit de Ford.

(En vérité, Ford ne se porte pas mieux que Chevrolet. La gamme de Ford est juste un peu moins étendue.)

L'extension d'une gamme efface dans l'esprit du consommateur et du client éventuel l'image ou la position initiale de la marque.

Extension de gamme et concurrence

Alors que, à long terme, l'identité d'une marque se brouille sous l'effet d'une politique d'extension de gamme, les coups réels sont portés par la concurrence.

En fait, l'extension de gamme ou l'extension du rayonnement d'une marque est une démarche pleine de bon sens qui devrait être encouragée moyennant une seule petite restriction : aucune concurrence sérieuse ne doit être tolérée dans le domaine considéré.

L'ennemi n'est pas la confusion. L'ennemi est le concurrent.

La triste histoire de General Electric dans l'électroménager en est une illustration. « General Electric » est un nom extraordinaire. C'était vrai en tout cas quand l'entreprise « griffait » un vaste ensemble de produits tels que réfrigérateurs, machines à laver le linge, à laver la vaisselle, moulins, fers à repasser, mixeurs, etc.

L'extension de gamme n'était pas le problème. Le problème est né de ce que les concurrents ont été admis et que des spécialistes se sont emparés des marchés pour chaque type de produits.

Cuisinart tient le marché des mixeurs. Pas GE.

Frigidaire tient le marché des réfrigérateurs. Pas GE.

Maytag tient le marché des machines à laver le linge. Pas GE.

Sunbeam tient le marché des fers à repasser. Pas GE.

Waring tient le marché des moulins. Pas GE.

Le seul produit pour la cuisine où GE tient la première place est, bien sûr, l'installation électrique. Un retour à la case départ pour ainsi dire.

La vulnérabilité du généraliste

Comme vous pouvez le constater, un généraliste est toujours vulnérable. Del Monte est une marque généraliste extraordinaire pour les légumes ou les fruits en conserve. Mais c'est le « spécialiste », Dole qui est leader pour les ananas en boîte.

Prenez le cas de la firme de produits alimentaires Kraft. Beaucoup d'observateurs considèrent que la très large utilisation du nom de marque Kraft est un des meilleurs exemples d'une extension de gamme réussie.

Cela aurait pu être le cas en l'absence de concurrence. Mais en ce qui concerne les gelées et les marmelades, quand le généraliste Kraft part en guerre contre le spécialiste Smuckers, c'est l'entreprise au nom rigolo qui l'emporte avec 37 % du marché contre 9 % pour Kraft.

Et le généraliste ne fait pas mieux dans la guerre des mayonnaises. La « Vraie Mayonnaise » de Kraft n'occupe que 18 % du marché face aux 42 % de Hellmann's.

Heureusement pour Kraft, l'entreprise possède tout de même quelques spécialités qui lui sont propres. En fait, sa marque la plus dynamique en termes de part de marché est la marque de fromage fondu Philadelphia, une spécialité s'il en est. Depuis des années, Philadelphia possède environ 70 % du marché des fromages fondus.

Le paradoxe de l'extension de gamme

Chacun connaît une extension de gamme réussie. Mais la question n'est pas tant la réussite d'une extension de gamme que le comportement de la concurrence. Ce qui nous mène aux deux principes qui gouvernent une extension de gamme.

1. Une extension de gamme est une stratégie excellente dans la mesure où aucune concurrence de spécialiste n'existe.
2. Une extension de gamme est une mauvaise stratégie dès lors que la concurrence réagit durement.

L'histoire, jusqu'ici, semble confirmer ces deux observations. Pendant des années, Crisco de Procter & Gamble a été la marque de saindoux la plus vendue. Puis on s'est mis à utiliser de l'huile végétale. Bien évidemment, Procter & Gamble a lancé l'huile Crisco.

Qui donc a gagné la guerre de l'huile ? Wesson, bien sûr.

Les temps changent et l'huile de maïs entre en scène. Wesson, toujours sur la brèche, lance l'huile de maïs Wesson.

Et qui sort vainqueur de la mêlée oléagineuse ? Vous avez donné la bonne réponse : Mazola, bien sûr.

Le succès de l'huile de maïs sans cholestérol suggère une nouvelle margarine : à l'huile de maïs et sans cholestérol. Par conséquent, Mazola lance la margarine Mazola à l'huile de maïs.

Et qui remporte le titre dans la catégorie margarine à l'huile de maïs. Bravo, vous avez tout compris. Vous avez raison : c'est Fleischmann's.

Dans chaque cas, un spécialiste vainqueur devenu généraliste se fait battre par un spécialiste.

La cigarette longue, longue, longue, de plus en plus longue

Le même scénario s'est joué il y a plusieurs années sur la scène des cigarettes.

En 1937, Pall Mall a lancé la cigarette de 85 mm de long, soit 15 mm de plus que les marques traditionnelles comme Lucky Strike ou Camel.

Pall Mall est ainsi devenu le spécialiste de la cigarette de grande taille. Ce fut un succès. Et en 1960, la Pall Mall est devenue la cigarette la plus vendue dépassant ainsi Camel.

C'est alors que chez Pall Mall quelqu'un s'est dit : « Pourquoi, diable, s'arrêter là ? Passons à 100 mm. » Une idée brillante.

Mais plutôt que de lancer une marque nouvelle, Pall Mall a tourné son nom de spécialiste de la cigarette de grande taille en un nom de marque généraliste. Et en 1965, l'entreprise lança la Pall Mall Or, la première cigarette de 100 mm de long.

Peu de temps après, un spécialiste appelé Benson & Hedges est arrivé sur le marché avec sa cigarette de 100 mm et a fait un malheur. Aujourd'hui, Pall Mall avec ses deux cigarettes de 85 et 100 mm occupe seulement 3,1 % du marché, alors que le spécialiste Benson & Hedges en occupe 4,2 %.

Encore une fois, le spécialiste l'emporte sur le généraliste.

Le contraire de l'extension de gamme

La concentration est l'opposé de l'extension de gamme.

Un message de marketing est comme la lame d'un couteau. Vous devez en affûter la lame pour faire pénétrer le message dans l'esprit de l'autre. Vous ébréchez la lame lorsque vous élargissez vos stratégies de vente.

Les mathématiques du marketing sont différentes des mathématiques traditionnelles. En marketing, vous augmentez votre chiffre d'affaires par soustraction.

Pour lancer une puissante attaque de marketing, vous devez vous préparer à faire des sacrifices.

Une gamme complète est un luxe de généraliste. Si vous voulez vous battre avec un leader, il faut réduire votre gamme de produit, et non pas l'augmenter.

La puissance d'une cible réduite

D'abord, le spécialiste peut se concentrer sur un produit, un bénéfice, un message. Cette concentration permet à l'homme de marketing d'affûter le message afin qu'il pénètre mieux et plus vite dans l'esprit du prospect.

Quelques exemples : Domino's Pizza peut se concentrer sur sa livraison à domicile dans les 30 minutes. Pizza Hut doit présenter à la fois sa livraison à domicile et sa vente sur place.

Duracell peut se concentrer sur ses piles alcalines longue durée. Eveready parle de lampes-torches et de ses piles alcalines, à fort rendement et rechargeables. (Récemment, le chargeur de piles alcalines Eveready est devenu simplement le Chargeur, une démarche saine d'Eveready.)

Castrol peut se concentrer sur son huile de vidange à haute performance pour de petits moteurs. Penzoil et Quaker State s'adressent à tous les types de moteurs.

De plus, le spécialiste a l'avantage d'être perçu comme l'expert ou comme le meilleur. Cray est le meilleur dans le domaine des très gros ordinateurs. Philadelphia est le meilleur fromage fondu. La version originale, pour ainsi dire.

Enfin, le spécialiste peut devenir la référence « générique » dans sa catégorie. Xerox est devenu le terme générique pour la photocopie. En Amérique, qui n'a pas entendu dire autour de soi : « Ayez la gentillesse de me xeroxer cette feuille. »

Kleenex est devenu le terme générique pour désigner des mouchoirs en papier : « Passez-moi un Kleenex, s'il vous plaît. »

Le scotch de 3M est devenu le terme générique pour appeler un ruban collant en cellophane. « Je vais scotcher les deux parties de ce document. »

Bien que les juristes ne le supportent pas, faire d'un nom de marque un nom générique, c'est vraiment saisir l'arme absolue des guerres de marketing. Mais seul un spécialiste peut y parvenir. Le généraliste ne peut atteindre ce niveau-là.

Personne n'a jamais dit : « Sortez-moi une bière fraîche du General Electric. »

Recentrage dans les colas

La stratégie à deux produits de Coca-Cola aurait pu être payante pour son ennemi héréditaire Pepsi-Cola.

En aucun domaine, cette stratégie de Coca-Cola ne pouvait être aussi fragile que dans celui des distributeurs de boissons. (Un supermarché a la place pour stocker deux produits, un établissement de restauration rapide, non.)

« Pourquoi hésiter entre deux produits, dit une publicité de Pepsi, alors que vous pouvez emporter à coup sûr le meilleur ? »

Quelle belle occasion. Et Pepsi a, d'ores et déjà, gagné la bataille des supermarchés. Mais Coca-Cola était en train de remporter celle des distributeurs avec 60 % du marché contre 26 % à Pepsi. C'est alors que Pepsi a commis l'erreur de racheter la chaîne Kentucky Fried Chicken (pour compléter la synergie des chaînes Taco Bell et Pizza Hut).

« Pourquoi financer votre concurrent ? » gloussa Coca-Cola qui a immédiatement persuadé Wendy's de laisser tomber « le choix d'une nouvelle génération » (le slogan de Pepsi).

Et voilà Pepsi-Cola en mauvaise passe dans l'industrie de la restauration rapide. Il faudra beaucoup de discours lénifiants et un beau paquet de vrais dollars pour que Pepsi demeure sur la scène des distributeurs.

Recentrage dans la bureautique

Xerox peut tout copier. Enfin, c'est ce que croyait cette firme quand elle a voulu imiter IBM en lançant une gamme complète d'équipement bureautique. Vous constaterez que Team Xerox n'a pas marqué beaucoup de points ces temps-ci.

Vendre un système au lieu d'un produit est la manière scientifique de disperser ses forces et cela semble tenter de nombreuses entreprises. Cependant avant d'entamer ce type de démarches, allez faire un tour sur le terrain et assurez-vous que vos prospects sont aussi décidés à acheter tout un système que vous à le leur vendre.

Ce n'est pas le cas de la plupart des consommateurs. C'est pourquoi Wang et Harris rencontrent tant de problèmes, comme d'autres fournisseurs de systèmes.

La concentration sur un produit constitue l'ingrédient mystérieux ajouté à quasiment tous les programmes de marketing réussis. Même IBM, entreprise pourtant si puissante, ne peut se permettre d'attaquer sur tous les plans simultanément. L'année où Big Blue a lancé le PC, la compagnie a consacré 73 % de son budget publicitaire à son nouvel enfant.

MCI trébuche

MCI, la compagnie de téléphone longue distance a annoncé récemment qu'elle avait perdu entre 500 et 700 millions de dollars au cours du quatrième semestre. Elle indiquait, en outre, qu'elle allait licencier 2 300 employés sur les 16 000 membres de son personnel.

Une grande perte, aussi bien sur le plan humain que sur le plan financier.

Le problème de MCI est un problème de centrage qui a commencé à se poser avec le lancement si mal conçu de la poste MCI.

MCI est une grande entreprise dont les revenus annuels avoisinent 4 milliards de dollars. Mais la taille n'entre pas en ligne de compte.

MCI est en concurrence avec AT&T, une entreprise bien plus grande. MCI ne possède qu'une toute petite partie (5 %) du marché des appels à longue distance.

Si vous aviez un géant comme AT&T pour concurrent, lanceriez-vous un produit qui va se heurter à un autre monstre, le service postal fédéral ?

Si une entreprise envisageait de se lancer dans la poste électronique ce devrait plutôt être AT&T, et non pas MCI.

Mauvaise année pour Goodyear

Oui, une mauvaise année pour le Roi de la route : la Goodyear Tire and Rubber Company.

Mais ce ne sont ni les pneus ni le caoutchouc qui sont à l'origine du problème. Mais le pétrole. Plus précisément l'achat pour 820 millions de dollars d'actions de la Celeron Corporation, une entreprise de prospection de pétrole et de gaz.

Non seulement cette affaire de pétrole a distrait le management de Goodyear mais les divisions aérospatiale et mécanique oublièrent aussi de regarder la route.

La Némésis s'abattit sur Goodyear sous l'aspect de Sir James Goldsmith, l'investisseur franco-britannique qui apparut en détenant 11,5 % des actions de l'entreprise et en offrant d'acheter le reste.

Pour écarter Sir James, la direction de Goodyear racheta sa part en même temps que 40 millions d'actions détenues par les autres actionnaires. L'opération fit plus que doubler la dette de Goodyear, soit 5,3 milliards de dollars, et obligea l'entreprise à mettre en vente Celeron et deux autres filiales.

5 % du personnel dut être licencié, le budget de recherche et de développement amputé de 10 %, le budget de publicité diminué de façon drastique. Enfin, les dépenses en capital ont été significativement réduites.

Mais quel était le plan si terrible que Goldsmith avait en tête pour Goodyear ? « Voilà une excellente entreprise qui possède une technologie de niveau mondial, a dit Sir James, mais ses diversifications l'ont détournée de son objectif. »

Et de nouveau l'idée de centrage apparaît. Les actionnaires seraient mieux traités si Goodyear se débarrassait de toutes les opérations hors de l'industrie du pneu et se recentrait sur son métier.

Cela nous semble une bonne idée. Pourquoi, diable, Goodyear n'y a-t-il pas pensé plus tôt ?

Et Du Pont ?

Les symptômes sont les mêmes : ceux d'une entreprise décentrée.

Comme pour Goodyear, le problème de Du Pont est le pétrole. Plus précisément, l'achat en 1981 de Conoco pour 7,8 milliards de dollars, une entreprise qui semble aujourd'hui ne plus valoir que 5 milliards.

Ce qui sauve les dirigeants de Du Pont, c'est le paquet de dollars qu'il faudrait mettre sur la table pour acheter leur entreprise. Avec une capitalisation boursière de l'ordre de 21 milliards de dollars, Du Pont est un peu cher, même pour Donald Trump.

L'entreprise de Wilmington n'a pas appris à concentrer ses forces. Dans un effort de diversification hors de la chimie, Du Pont a acheté récemment un certain nombre de laboratoires pharmaceutiques, notamment la filiale American Critical Care Unit de Baxter Travenol.

Mais les médicaments suivront-ils l'évolution du pétrole ? Là n'est pas la bonne question.

Si vous croyez savoir comment vont évoluer les ventes d'un médicament, ce n'est pas son fabricant qu'il faut acheter mais des actions de l'entreprise.

Oubliez le terme de synergie, c'est un mythe.

Les détaillants et la concentration des efforts

S'il est une industrie qui illustre tous les avantages de la concentration des efforts, c'est bien celle de la distribution de détail.

Les grands magasins perdent du terrain devant les petits commerces spécialisés. Rien que dans Manhattan, trois grands magasins traditionnels (Gimbels, Ohrbach's et Alexander's) ont annoncé leur fermeture.

Et les chaînes de petits commerces spécialisés de fleurir. The Gap et Benetton sont deux exemples qui viennent immédiatement à l'esprit.

Les boutiques de spécialités à l'intérieur des grands magasins sont le champ de bataille où s'exprime le plus clairement la puissance d'une approche concentrée. Mais remarquez que le chiffre d'affaires des grands magasins n'avait pas diminué avant que les boutiques de spécialités ne s'ouvrent à l'extérieur.

Le bon moment pour attaquer un concurrent trop dispersé est celui qui précède le début du déclin, non pas celui qui le suit. Si vous attendez que la tendance soit évidente, il sera alors probablement trop tard. D'autres se seront déjà rués sur le terrain pour s'y installer.

Divorce à la mode Dart et Kraft

Vous avez peut-être appris que Dart et Kraft divorçaient après 6 ans de mariage industriel. Nous pensons que c'est la première séparation d'une série du même type dans le monde du marketing.

Une nouvelle entreprise, Kraft Inc. comprendra toute la partie alimentaire de Dart et Kraft plus Duracell.

(Bien que les piles n'aient rien à voir avec l'épicerie, les dirigeants à la tête de Kraft n'ont pas voulu abandonner une société aussi profitable que Duracell.)

Les unités qui restent (Tupperware, les appareils électroménagers West Bend, l'équipement alimentaire Hobart, etc.) seront présentées aux actionnaires sous la marque Premark International.

Malgré le problème posé par le nom de marque Kraft, nous pensons que les deux moitiés réussiront bien. (Deux entreprises recentrées valent mieux qu'une dispersée.)

Certains analystes financiers de Wall Street sont d'accord avec nous. Kurt Wulff de Donaldson, Lufkin & Jenrette estime que des entreprises plus petites, centrées sur une spécialité, réussissent mieux que des entreprises plus grandes, « surcapitalisées et diversifiées ».

« Les investisseurs, dit Kurt Wulff, sont supposés se diversifier au niveau de leur portefeuille, pas à travers le management des entreprises dont ils sont actionnaires. »

« Pour moi, ça sera une Miller »

Pour illustrer les dangers qui vous guettent si vous perdez votre centrage, il n'est pas de meilleur exemple que la saga de la bière Miller.

Voilà comment les choses se sont probablement passées : nous avons une marque de bière traditionnelle (Miller High

Life) qui est leader sur le marché. Pourquoi ne pas augmenter notre part de marché en vendant une bière légère sous notre marque bien connue (Miller Lite) ?

Sitôt dit, sitôt fait... avec un excellent résultat. Miller Lite est à présent la seconde bière la plus vendue aux Etats-Unis. Mais qu'est-il arrivé alors à la Miller High qui occupait justement cette seconde place ?

La marque a subi un désastre. En 6 ans, la Miller High Life est passée de 23,5 millions de barils par an à 9,4 millions seulement. Et la chute s'est produite bien que Miller Brewing ait, au cours de la même période, investi 310 millions de dollars dans la publicité de la marque.

Montons en première ligne afin de comprendre. Le meilleur endroit pour commencer l'enquête est le bistro le plus proche.

Commandez donc une « Miller » et voyez ce que le barman va vous servir. Il y a de fortes chances pour que ce soit une « Miller Lite ».

En d'autres termes, Miller a rendu « Miller » synonyme de Lite. Par conséquent, le nom de marque ne peut plus signifier High Life.

Certes dans la salle du conseil, Miller peut avoir le sens que désire le PDG. Mais sur le terrain, dans l'esprit du client éventuel, c'est autre chose. Dans une société saturée de messages, de marques et de bières, c'est déjà beau que votre marque ait une signification. Il est quasiment impossible qu'elle puisse en avoir deux ou trois.

Heinz était le n° 1 du cornichon. Mais Heinz a voulu se servir de son nom de marque et a lancé le Ketchup. Un grand succès aussi.

Chemin faisant, bien sûr, Heinz a perdu son leadership dans les cornichons au profit de Vlasic.

Cela tombe sous le sens. Vlasic signifie cornichon et Heinz, ketchup.

Chapitre 5

Déterminez votre tactique

Vous ne pouvez concentrer vos efforts et surveiller les tendances que pendant un certain temps. Tôt ou tard, vous devrez choisir un angle d'attaque mental et concurrentiel et le développer en une stratégie.

En fait, vous pourriez suivre le processus plusieurs fois de suite : vous choisissez une tactique et vous la suivez jusqu'à sa conclusion logique ; une fois à ce point, vous l'abandonnez et vous en essayez une autre.

Mais vous devez garder un certain nombre de principes présents à l'esprit.

Votre tactique ne doit pas se fonder sur l'entreprise

Voici de la pensée traditionnelle, « de haut en bas » dans ce qu'elle a de pire – choisir une tactique parce qu'elle répond aux nécessités stratégiques du groupe.

Xerox s'est offert une entreprise d'informatique (Scientific Data System) parce que cet achat correspondait à sa stratégie. Celle-ci avait pour objectif d'offrir au consommateur un bureau informatisé. Une erreur à plusieurs milliards de dollars. Les clients étaient déjà saturés d'offres faites par un grand nombre de sociétés : IBM, DEC et Wang, pour n'en citer que quelques-unes.

Neuf produits sur dix sont lancés pour remplir un vide dans la gamme offerte par l'entreprise, et non pour combler un vide au niveau du marché. Peut-être est-ce pour cette raison que neuf produits sur dix sont des échecs.

Un centrage sur l'entreprise est une erreur. Il est possible que cela vous fasse gagner quelques francs à l'intérieur, mais cela peut entraîner des résultats désastreux à l'extérieur.

Votre tactique ne doit pas se fonder sur le client

Le grand mythe du marketing est que le jeu consiste à « servir le client ».

Un grand nombre de spécialistes en marketing vivent dans un monde de rêve. Ils croient en l'existence d'un marché vierge. C'est croire que le marketing est un jeu à deux qui ne concerne que l'entreprise et le client.

Dans ce monde imaginaire, une entreprise développe un produit ou un service conçus pour répondre aux besoins et aux désirs du consommateur. Elle fait ensuite appel à son département de marketing pour moissonner.

Mais il n'existe pas de marchés vierges. La réalité du marketing, c'est qu'il existe des consommateurs tenus plus ou moins étroitement par un ensemble de concurrents.

Dans ces conditions, une campagne marketing est une opération qui consiste à conforter vos clients dans leur fidélité à votre produit ou service tout en essayant simultanément d'attirer vers vous les consommateurs liés à la concurrence.

Mais alors, et les produits nouveaux ? Il y a certainement des territoires vierges en quantité quand vous introduisez un produit nouveau.

Faux. Quel était le marché des magnétoscopes quand Sony a lancé le Betamax ?

Nul. Bien sûr, Sony a défini un marché potentiel formé par les possesseurs de téléviseurs, mais il n'y avait aucune garantie que l'un d'entre eux soit acheteur d'un magnétoscope.

En dépit de tous ces discours sur la satisfaction des besoins et des désirs d'un marché vierge, la plupart des hommes de marketing feraient mieux de lancer des produits ciblés sur des marchés existants et lutter contre les concurrents terrés dans leurs tranchées.

Le cas particulier du contournement

Nous définissons le contournement comme le lancement d'un produit nouveau comprenant une différence importante. Du point de vue du prix, par exemple, l'exploration des domaines extrêmes (cher ou bon marché) constitue un mouvement typique de contournement.

C'est ainsi que Mercedes a contourné Cadillac dans le haut de gamme, Chevrolet étant contourné par Volkswagen dans le bas de gamme.

Comme le « Gourmet Popping Corn » d'Orville Redenbacher a contourné Jolly Time par le haut. Les mouvements de contournement peuvent être parfaitement efficaces. Pourtant, les spécialistes du marketing n'y ont pas recours.

Quel peut être le marché pour un pop-corn cher ? Nul, bien évidemment, avant qu'Orville Redenbacher ne s'y intéresse.

Il est impossible d'avoir à la fois le beurre et l'argent du beurre. Vous ne pouvez pas, simultanément, jouir des avantages d'un marché inexploré et de ceux d'un marché constitué.

Votre tactique doit se baser sur la concurrence

Récemment, Delta Air Lines a décidé d'offrir un bonus aux membres (et nouveaux membres) de son club des grands voyageurs.

L'idée paraissait bonne, et devait attirer une clientèle nouvelle importante. Ce fut le cas, mais elle a été immédiatement reprise par American, United, Pan Am, TWA et Eastern. En fait, tous les concurrents de Delta se sont précipités et ont offert les mêmes avantages. Et plus personne n'en profite, exceptés les voyageurs qui prennent souvent l'avion.

Quand Burger King a lancé sa campagne publicitaire : « Griller et non pas frire », McDonnald's n'a pas jeté toutes ses friteuses pour les remplacer par des grils. Cela lui aurait coûté trop cher.

Le bonus de Delta ne procédait pas d'une tactique basée sur l'existence de la concurrence dans la mesure où cette démarche pouvait (et a été) facilement copiée.

La vitesse est un facteur important. Si votre concurrent ne peut pas vous imiter immédiatement, vous avez tout le temps d'imprégner l'esprit du consommateur de votre concept.

La plupart des passagers des transports aériens ne savent même pas que c'est Delta qui a inventé le bonus particulier dont ils sont les bénéficiaires. Delta n'a pas disposé de suffisamment de temps avant l'intervention de la concurrence pour que son concept s'installe dans l'esprit des voyageurs.

« Griller et non pas frire », par contre, est une tactique fondée sur la concurrence dans la mesure où elle ne peut pas être copiée dans de brefs délais. Pas plus qu'elle ne peut être copiée à bon marché.

Quand Michelin a attaqué le marché américain avec son pneu à structure radiale, il a placé Goodyear et Firestone sur la défensive pour plusieurs années. Même si les gros bras de l'industrie américaine du pneu avaient été prêts à investir de l'argent dans la fabrication de ce type de pneus à structure radiale, il leur aurait fallu plusieurs années avant que les chaînes de production soient opérationnelles.

La seule tactique qui mérite attention est celle qui met le couteau sous la gorge du concurrent. Toute tactique qui ne fait que pousser le consommateur à acheter pousse également la concurrence à la copier.

Et pourtant, la majorité des programmes de marketing s'appuie sur des distributions de bons, des rabais, des promotions et une large variété d'opérations. Celles qui ne marchent pas vous font perdre de l'argent. Celles qui marchent vous rapportent la forme la plus sincère de compliment : vos concurrents vous imitent.

Vous ne pouvez vaincre en faisant plaisir aux consommateurs. Oubliez les bonnes affaires. De toute manière ce qui leur plairait le plus, c'est que vous leur distribuiez le produit gratuitement.

Par contre, toute tactique qui fait souffrir un ou plusieurs de vos concurrents a de fortes chances de vous rapporter.

Evitez les tactiques du genre « produit du mois »

Une tactique courante que vous devez éviter est celle du « produit du mois ». Certaines entreprises ont fondé la totalité de leurs programmes de marketing sur ce genre d'opérations.

Mais qui a le plus de chances d'acheter votre nouveau produit ou votre extension de gamme ? Vos clients actuels, bien évidemment. Pas les clients de vos concurrents. Et, si votre nouveau produit est partiellement et de manière limitée fondé sur la concurrence, qui va se dépêcher de vous copier ? Vos concurrents, bien sûr.

Il est impossible de saisir un goût. Qui a inventé la glace à la fraise ? Qui sait ? Un goût nouveau n'appartient pas à la même catégorie de produit que la photocopie.

En outre, l'accroissement des possibilités de choix comporte quelques problèmes intrinsèques. D'abord, un risque de confusion dans l'esprit du consommateur. Quel parfum vais-je acheter ? Ensuite, un problème de disponibilité. Plus il y a d'arômes différents pour un même produit, plus il y a de chances pour que celui choisi par le consommateur ne soit pas en stock.

Quand le Coca était le Coca, il eut été impensable qu'un supermarché en manqua.

Maintenant que le Coca est nouveau, classique, léger, à la cerise, léger à la cerise, décaféiné, léger et décaféiné, il y a beaucoup plus de chances pour que le supermarché manque de celui que vous souhaitez justement acheter.

Un choix accru complique les décisions d'achat de nombreux produits. Croyez-vous que l'offre de 10 modèles de Chevrolet (déclinés en une invraisemblable gamme de carrosseries et de moteurs) facilite l'achat d'une voiture de la marque ?

Plus de la moitié des nouvelles Chevrolet achetées le sont dans les salles d'exposition des concessionnaires où le choix est limité à la couleur et au poli des chromes. (Oui ou non.)

Quand vous êtes votre propre concurrent

Lorsque vous dominez un marché, vous pouvez parfois être votre propre concurrent. Vous êtes susceptible alors de lancer de nouveaux produits qui vous concurrencent directement. En vous débrouillant bien, vous pourriez avoir le beurre et l'argent du beurre.

Gillette en est le meilleur exemple. Gillette dominait le marché du rasoir à une seule lame avec le rasoir Blue Blade.

Puis Gillette se fit concurrence lui-même en lançant le Trac II. « Deux lames valent mieux qu'une » disait la publicité.

Gillette proposait ainsi un rasoir à deux lames qui rasait mieux que son propre produit à une seule lame.

Plus tard, Gillette lança sur le marché Atra, le premier rasoir à tête pivotante à deux lames. « Utilisez-vous un rasoir classique à deux lames ? » demandait la publicité pour Atra en faisant référence à son propre produit Trac II.

Depuis longtemps Gillette détenait environ 50 % du marché grâce à ses différents produits pour le rasage.

Quand Gillette lança le Trac II, la part de marché de la société atteignit 55 %. Aujourd'hui, Gillette détient près des deux tiers du marché, une excellente performance compte tenu de la concurrence effrénée de la part de Schick, Bic, Wilkinson et les autres.

Il ne faut pas confondre la tactique de Gillette avec la tactique d'extension de gamme de Coca-Cola. En effet, les sept variantes de Coca sont toutes commercialisées sous le nom de Coca-Cola entraînant ainsi une confusion dans l'esprit du client.

Evidemment, les produits Track II et Atra portent sur l'emballage le nom de Gillette en caractères plus petits.

(Le nom Gillette remplit une fonction dans le processus de distribution. En premier lieu, elle indique au commerçant où se réassortir.)

A cet égard, c'est aussi le cas de GM dont le nom apparaît sur une Chevrolet. Le nom de marque principal est bien Chevrolet.

Simplicité vaut mieux que complication

Bien que la nature humaine se réjouisse de la complexité, la plupart des prospects prennent rarement le temps de considérer tous les détails.

Les idées simples sont plus faciles à introduire dans les esprits, et les clients éventuels les comprennent mieux.

Trop souvent, les entreprises tentent d'impressionner les prospects par un déluge de raisonnements compliqués au lieu de leur vendre l'idée simple qu'ils sont venus acheter.

Il y a de cela plusieurs années, Xerox, dans le but de restaurer une image déplorable sur le marché de la bureautique, a lancé en rafales toute une gamme de produits nouveaux soutenus par de vastes campagnes publicitaires. Xerox a loué le Vivian Beaumont Theater au Lincoln's Center de New York (un des hauts lieux de la danse, de la musique et du théâtre des Etats-Unis, mondialement connu) et a complètement recouvert la scène d'un réseau complexe de systèmes de bureautique. C'était dans le but manifeste d'impressionner le public par un étalage de technologie.

Ce déploiement a entraîné une certaine confusion dans l'esprit des visiteurs sans pour autant impressionner ni la presse spécialisée, ni les clients éventuels. Tout cela était bien trop compliqué pour concerner le public.

Pourquoi, diable, tous les Xerox de ce monde font-ils des choses pareilles ? Pensée « de haut en bas » typique. Xerox souhaitait convaincre le marché que l'entreprise allait devenir un des « grands » de la bureautique.

Et, enterré dans ce fatras de produits, était caché un nouvel appareil, une imprimante et photocopieuse laser (la Laser CP).

Cette tactique simple, la création d'une imprimante laser qui est aussi une photocopieuse, aurait eu beaucoup plus d'impact présentée seule que cette accumulation complexe de produits allant d'imprimantes à des ordinateurs.

La démarche d'une certaine station radio à la recherche d'un moyen de se démarquer de ses concurrents est une belle illustration de la puissance de la simplicité. Les animateurs avaient remarqué que les auditeurs appréciaient d'être informés au plus vite des conditions météorologiques. Aussi ont-ils augmenté la fréquence des bulletins météo au cours de la journée.

De la voix à l'image, cette station est passée à la télévision en introduisant l'idée de bulletins météo plus fréquents et de dernière minute.

Un succès ! La concurrence a été battue au moyen d'une tactique on ne peut plus simple.

Et pourquoi les concurrents n'ont-ils pas copié la démarche ? Ils auraient pu le faire mais la station qui agit en premier, pour peu qu'elle opère avec rapidité, a l'avantage d'imprégner en premier l'esprit des auditeurs ou des téléspectateurs.

Différent mais pas obligatoirement meilleur

Quand vous vous battez contre un produit nettement supérieur au vôtre, il n'y a pas de marketing qui soit.

Prenez l'exemple de la photocopieuse 914 à papier ordinaire. Elle était indubitablement supérieure à toutes les « thermocopieuses » de 3M ou de Kodak. Comme on pouvait le prévoir, les Thermofax et autres Verifax ont été balayées. (Exactement comme les jets ont balayé les avions à moteurs classiques.) Comme un combat de Mike Tyson. Ça s'est passé sur un ring mais ce n'était pas de la boxe.

Il est inutile de chercher à apprendre les principes du marketing si vous devez concurrencer Xerox avec des appareils basés sur la thermographie.

Il est inutile d'apprendre les principes de l'art militaire si vous combattez un ennemi qui possède des armes nucléaires... dont vous êtes dépourvu.

Heureusement que les produits réellement supérieurs apparaissent rarement. Une BMW est-elle meilleure qu'une Volvo ? Qui peut le dire ? Ces deux voitures sont cependant différentes.

Volvo a élaboré sa stratégie autour de la notion de « durée » en appliquant une tactique qui consistait à empiler six voitures l'une sur l'autre. BMW a bâti la sienne autour du concept du « nec plus ultra en matière de conduite de voiture ».

Le concurrent de BMW est Mercedes-Benz. Les marques sont toutes les deux allemandes et chères mais Mercedes est arrivé le premier sur le marché américain et a occupé la position de motoriste.

BMW aurait-elle dû attaquer son rival allemand sur ce terrain ? La BMW aurait-elle pu battre la Mercedes au moyen d'une campagne publicitaire basée sur sa chambre hémisphérique à turbulence ?

« Etre meilleur » est un concept subjectif. C'est pourquoi il est toujours préférable d'éviter d'attaquer un concurrent sur son terrain d'excellence.

Quelle est la différence entre une BMW et une Mercedes ? La différence n'est pas dans la voiture, elle est dans la tête du conducteur. Les conducteurs plus âgés préfèrent la valeur sûre et plus chère, la Mercedes. Les plus jeunes préfèrent la BMW, plus récente et moins chère.

L'une des raisons de la préférence des jeunes pour la BMW est que les personnes plus âgées préfèrent la Mercedes. (C'est aussi pourquoi la stratégie de la « Génération Pepsi » est aussi efficace.)

Quelle est la caractéristique essentielle du comportement des conducteurs plus jeunes ? Ils conduisent plus vite. (Allez faire un tour sur le terrain. Placez-vous sur la ligne de départ la plus voisine du prochain « Grand Prix des Feux de circulation », et vérifiez la proposition précédente.)

Laissez donc la mécanique à la Mercedes. BMW est devenu une grande réussite en exploitant la notion de conduite.

Tout récemment, BMW est allé attaquer Mercedes sur le terrain de la mécanique en lançant ses modèles de la série 7. BMW est en train de s'étendre et de se décentrer, cela risque de fragiliser toute sa gamme.

Un concept vaut mieux qu'un produit

Aujourd'hui le marketing est une guerre de concepts, non une bataille de produits. La réelle valeur d'une tactique se mesure au fait de posséder ou non un concept ou une idée qui gouverne l'entreprise. Comme l'a indiqué Walter Wriston : « Les idées sont la nouvelle monnaie des affaires. »

L'industrie de l'informatique en est un excellent exemple. Pour la première fois, IBM a rencontré des concurrents qui lui donnent du fil à retordre sur le marché de la bureautique. DEC est devenu particulièrement gênant avec son approche de la vente de mini-ordinateurs sur la base d'un « système unique d'exploitation ».

A l'autre extrémité de l'échelle, Apple a commencé à progresser avec son concept de « PAO de bureau ». Cette idée a fait florès auprès de nombreux utilisateurs et encourage la vente de nombreux Mac auprès des membres de la liste des 1 000 de *Fortune*.

Si vous étiez responsable de marketing chez IBM, que feriez-vous face à ces concurrents nouveaux ?

Euh ! C'est-à-dire que jusqu'ici IBM a continué de mener sa politique de « produits les meilleurs », de « plus d'efforts de vente », de « campagnes de publicités nouvelles », pour essayer de reprendre le contrôle d'un marché qu'elle dominait jusqu'alors.

Personne n'est capable d'offrir autant de produits, autant de services qu'IBM. (Ça aide d'avoir la puissance d'IBM.)

Et IBM a lancé non pas un, ni deux, mais toute une nouvelle génération de PC, les PS/2. La compagnie a également lancé une campagne de publicité pour soutenir cinq systèmes informatiques de moyenne puissance différents.

IBM a musclé sa force de vente en envoyant sur le terrain plusieurs milliers de vendeurs supplémentaires. Le PDG lui-même, John Akers, est intervenu en rencontrant des groupes d'utilisateurs et en leur promettant qu'à l'avenir, IBM écouterait plus attentivement leurs plaintes et leurs suggestions.

Et pour ne pas demeurer en reste, les publicitaires de la maison ont présenté quelques idées nouvelles en matière de campagne. Charlie Chaplin a été éjecté pour laisser la place à l'équipe complète de MASH, Alan Alda compris (dont on dit qu'il est sous contrat pour dix millions de dollars).

Jusqu'ici cet effort n'a pas ralenti la progression de DEC ou d'Apple dans la mesure où les entreprises continuent à acquérir la « PAO de bureau » en grande quantité.

Et malgré toute sa puissance et sa force, IBM n'a qu'une seule chose à faire – et une chose évidente.

Mais d'abord, il faut qu'IBM reconnaisse la nature de la bataille. Depuis le début de l'ère informatique, les guerres ont été des guerres d'idées et de concepts.

IBM a d'abord introduit la notion de « traitement de données » avec les grosses machines, DEC a contré le gros ordinateur en lançant le concept de « mini-ordinateur » qui a permis l'apparition de la bureautique.

Puis Apple est entré sur le marché avec le concept de l'« ordinateur personnel » adapté à la maison et à l'école. IBM s'est, alors, emparé de la notion d'ordinateur individuel de « bureau ».

D'autres industriels ont construit leurs entreprises autour de concepts. Wang a bien réussi avec celui de « traitement de texte », Cray a prospéré avec celui de « super-ordinateur », Tandem a décollé avec son système « d'exploitation dual » et Compaq avec ses petits « portables ».

Tous ces succès ont un caractère commun : ils ont été organisés autour d'un concept ou d'une idée à développer.

IBM a mal lu l'histoire de l'informatique. Au cours de ces dernières années, la compagnie s'est éloignée d'une approche fondée sur un concept, à mesure qu'elle lançait de plus en plus de produits.

Observez la publicité développée par IBM et sa stratégie vous apparaîtra. La publicité d'IBM décrit un ensemble de produits orchestrés sur l'offre : « Quoi que vous souhaitez, nous l'avons. » Le fondement de la démarche allant de la compagnie vers le client est : « Nous allons mettre au point ce qui vous conviendra le mieux. »

La faiblesse de cette approche réside en ce que, bien souvent, les consommateurs sont incapables de définir ce qu'ils veulent, en particulier pour ce qui concerne la haute technologie. Les consommateurs achètent ce qu'ils pensent devoir posséder. Et s'ils pensent qu'ils doivent posséder ce qui correspond aux concepts de « système unique d'exploitation » ou de « PAO de bureau », ils s'adressent à DEC ou à Apple.

Pour IBM, la seule chose qui reste à faire est de combattre ces concepts en lançant le sien.

Un concept pour du papier

Un concept comme la « PAO de bureau » déclenche parfois la révolution dans les marchés d'autres produits et services.

Des documents, auparavant publiés à l'extérieur d'une entreprise, peuvent être, à présent, produits directement. Des rapports dont la préparation prenait des jours sont maintenant disponibles en quelques heures.

Supposons que vous soyez un jeune commercial plein d'avenir dans le domaine de la papeterie et que votre entreprise ait constaté cette nouvelle tendance. Vous recevez donc des instructions de la direction pour lancer une nouvelle marque de papier destinée aux industriels.

Malheureusement, vos instructions sont d'autant plus difficiles à exécuter que vous êtes loin d'être le seul sur le marché. Et vous faites face à des entreprises comme Hammermill, Nekoosa, Champion et Mead,... rien moins que ça !

Ce type de papier est vendu pour sa plus grande part par les distributeurs de papier. Pour déterminer votre tactique, vous allez commencer par comprendre le mécanisme de la vente aux distributeurs. Et vous allez découvrir que ce qu'ils vendent le mieux c'est leur « marque personnelle » de papier, et non pas le papier des grands fabricants.

Mais tout n'est pas aussi désespérant. Vous allez en même temps vous apercevoir que quelques grandes entreprises dans le domaine de la publication électronique commandent pour leurs machines du papier d'impression offset de meilleure qualité.

Eurêka ! Maintenant, vous avez devant vous un angle d'attaque mental et concurrentiel. Lancez une marque haut de gamme pour contourner les produits existants. (Quelque chose comme le papier des fins connaisseurs d'Orville Redenbacher.)

Ce papier nouveau sera plus brillant, plus opaque et sera destiné à l'impression des documents importants.

Le fond de la démarche est de pousser le client à stocker deux qualités de papier. L'une pour les besoins internes courants, l'autre pour les documents diffusés à l'extérieur.

Voilà votre tâche clairement définie mais, en outre, vous êtes muni d'un concept conquérant qui vous mènera bien plus loin que la simple vente de papier fondée sur son prix et ses délais de livraison.

On ne fait pas d'omelette sans casser d'œufs

On ne fait pas d'omelette sans casser d'œufs ; c'est ainsi que tout nouvel angle mental de concurrence porte son revers.

Il est aussi important de promouvoir cet aspect négatif que l'aspect positif. C'est, en effet, l'aspect négatif qui rend votre tactique crédible.

Les grands magasins ont depuis longtemps découvert que les soldes sont bien mieux réussies quand les produits sont présentés comme des marques « secondaires » ou des « séries limitées ». Aux yeux des clients éventuels, ces qualificatifs justifient les prix moins élevés. (Il y a d'ailleurs des magasins qui insistent sur les produits de première qualité pour perpétuer la vente promotionnelle.)

Souvent, et pour la même raison, les magasins de démarque se baptisent « magasins d'usines ». Ils cherchent à se donner parfois un aspect de hangar en utilisant des meubles et des installations bon marché.

Quand Charles Schwab a lancé son agence de démarque boursière, il a insisté sur le fait que son entreprise n'employait pas de vendeurs ou de cadres comptables pour conseiller la clientèle. Personne ne vous téléphonerait jamais de chez Charles Schwab pour tenter de vous vendre quoi que ce soit. (Intelligemment fait, promouvoir de cette manière un aspect négatif, permet souvent de lui donner une apparence tout à fait positive.)

Comme le disait sa publicité : « Où est l'appât ? Qu'est-ce que j'abandonne pour me permettre de vous faire des remises aussi importantes sur mes courtages ? »

« Eh bien, il n'y a ici qu'un seul appât et le voici : *Nous ne vous donnons aucun conseil d'investissement.* »

Il semble que le slogan, « Nous vous offrons tout ce que vous offrent nos concurrents... mais moins cher », soit vraiment conquérant. Mais où est alors l'appât ?

C'est exactement ce que vont dire vos prospects. C'est bien pour ça que pour être crédible, vous devez faire de la publicité pour l'appât en même temps que vous présentez les avantages.

Quel message un prix modique véhicule-t-il ? Compris. (Essayez donc de vendre une Rolex en or massif dans les rues de New York pour 50 dollars et vous verrez ce que signifie un prix modéré. Ou bien c'est une copie, ou bien c'est une montre volée ou les deux à la fois.)

« La Coccinelle 1970 de Volkswagen restera moche plus longtemps. » C'était une affirmation très puissante dans la mesure où elle avait une valeur psychologique. Quand vous admettez la réalité d'un aspect négatif, les clients éventuels ont tendance à vous accorder le bénéfice des aspects positifs.

Les acheteurs de Coccinelle abandonnaient le bénéfice du design au profit de la fiabilité.

« Fabriqué en Corée » est la mention négative qui rend crédible le prix très bas de l'Excel Hyundai. C'est la réponse anticipée à la question : « Comment l'Excel peut-elle être une bonne voiture au prix qui est le sien ? »

« **Le parfum le plus cher du monde** »

C'est le slogan des parfums Joy. En fait, leur prix élevé est l'appât qui donne sa crédibilité à une tactique fondée sur la qualité.

Quel message un prix élevé véhicule-t-il ? Compris. Le produit en vaut vraiment la peine. Un prix très élevé devient essentiellement un avantage du produit lui-même. (C'est un des facteurs les plus puissants de motivation qui ont fait le succès des Mercedes, de la vodka Absolut, de la moutarde Grey Poupon, pour ne citer que trois exemples.)

Le cas de la vodka Absolut est exemplaire. Vendue à un prix supérieur de 50 % à celui de la Smirnoff, les volumes achetés augmentent de manière stupéfiante. Les ventes ont quadruplé en quatre ans. Absolut est aujourd'hui la quatrième vodka la plus vendue aux Etats-Unis. (Absolut n'est pas une mode dans la mesure où les ventes de vodka n'augmentent que modérément.)

Si la cherté est un « plus » pour tout produit qui n'est pas d'usage courant, alors pourquoi ne pas fixer pour chaque produit un prix le plus élevé possible ? Il existe un tas de clients potentiels qui ont plus de dollars que de bon sens.

Une telle politique est difficilement applicable car le niveau de la demande est inversement proportionnel à celui du prix. Plus le prix est élevé, plus la demande est faible.

Si les Rolls-Royce ont autant de valeur, c'est parce qu'elles sont très chères. Et elles sont vendues à un petit nombre d'exemplaires puisque peu de clients peuvent s'en offrir une.

Vous devez trouver un équilibre entre le prix et la demande. Vous pouvez, par exemple, gagner bien plus en vendant un million de Ford bon marché plutôt que mille Rolls-Royce très chères.

Le prix n'est qu'un des nombreux facteurs tactiques à considérer. Il y en a beaucoup d'autres à prendre en compte. Vous pourriez, par exemple, trouver un angle d'attaque concurrentiel basé sur le format, en proposant des produits plus grands sur un marché encombré de produits de petite taille.

Cela pourrait être aussi un produit pour hommes lancé sur un marché dominé par des produits pour femmes.

Comme Sony, vous pourriez trouver votre tactique dans la miniaturisation, ou, comme Virginia Slims, dans la création d'une marque de cigarettes pour femmes.

Cependant, vous ne trouverez pas une idée concurrentielle à l'intérieur de votre entreprise. Pour trouver du neuf, il vous faudra aller sur le terrain.

Chapitre 6

Une tactique pour combattre la consommation de drogue

Il est très difficile de développer une campagne d'information qui permettrait de réduire la consommation de cocaïne, de marijuana et de toutes les autres drogues, aux Etats-Unis.

Des millions d'Américains cherchent à se droguer. Or nous avons sans cesse insisté sur la difficulté de modifier l'esprit des individus.

Comment « réduire la demande » de drogue ? Le « truc » est de trouver le moyen de tirer parti des perceptions qui existent déjà dans l'esprit des drogués.

A vous de jouer

Chaussez vos bottes de commercial. Vous venez de recevoir un appel du nouveau président des Etats-Unis. Vous allez diriger une nouvelle campagne d'information financée par l'Etat et destinée à prendre la suite de la campagne « Dites non à la drogue » lancée par Nancy Reagan. Ses résultats, en effet, ne paraissent pas convaincants. Il semble bien qu'il faille effectuer quelques modifications si l'on souhaite progresser dans la lutte contre la consommation de drogue.

Et il est absolument indispensable de progresser sur cette voie.

Après des années d'efforts et plusieurs milliards de dollars dépensés pour le renforcement de la répression, il devient évident qu'il n'existe pour les Etats-Unis qu'une seule politique à long terme qui puisse conduire à une diminution de la consommation et du commerce de la drogue : trouver un moyen de réduire la demande.

La réduction de l'offre ne conduit qu'à l'augmentation des prix, c'est-à-dire à l'augmentation des profits potentiels des trafiquants prêts à prendre des risques. Dans la mesure où le prix de la matière première est si faible et le bénéfice si élevé, l'expérience montre qu'il n'existe aucune méthode efficace, à l'exception de la légalisation, qui puisse mettre les divers vendeurs au chômage. Comme dans le cas de l'Hydre de Lerne, pour toute tête coupée...

Aussi la vraie question est : « Que faire pour réduire la demande ? »

Observez les tendances

Commençons par un rapide examen des tendances en matière de consommation de stupéfiants. Comme dans tous les problèmes, vous n'allez pas restreindre cette étude au seul produit en question. Vous allez chercher à vous faire une idée relative à toute la catégorie de produits concernée.

En l'occurrence, lorsque vous cherchez une réponse au problème de la drogue, vous pouvez constater que la consommation de cigarettes présente un parallélisme certain.

La consommation de drogue, comme celle de cigarettes introduit une substance exogène dans notre corps. Elle peut donner lieu à une accoutumance et vous savez tous, aujourd'hui, qu'elle est nocive pour la santé. En réalité, l'usage du tabac tue chaque année 50 fois plus d'Américains que celui de la drogue.

La seule différence entre les cigarettes et les drogues est que les cigarettes sont en vente libre et qu'elles rapportent des sommes importantes à l'Etat.

Il en résulte que quasiment tout le monde connaît la nocivité des cigarettes, pourtant, leur vente ne présente pas de diminution notable. (Pour être honnête, il faut quand même dire que la demande a évolué. Aujourd'hui, la cigarette ne tue plus que 48 fois plus d'Américains que la drogue.)

Il semblerait donc que la méthode d'approche au travers des campagnes d'éducation qui insistent sur le danger que présente la consommation de cigarettes pour la santé n'a pas été de nature à contrebalancer l'exaltation de l'image personnelle induite par la publicité pour le tabac. L'interdiction de la publicité sur les différentes ondes a gêné le lancement de nouvelles marques mais il existe suffisamment d'autres médias encore accessibles aux fabricants de cigarettes pour que le message publicitaire continue à passer.

Le « ce n'est pas bon pour ce que vous avez » ne fonctionne pas

De l'exemple de la cigarette, il vous est facile de déduire que l'approche éducative du style « ce n'est pas bon pour ce que vous avez » ne constitue pas vraiment la meilleure tactique en vue de réduire notablement la demande, notamment si la consommation de drogue continue à être perçue comme « à la mode ». C'est probablement d'ailleurs la raison pour laquelle la campagne « Dites non » n'a pas atteint les résultats souhaités.

La remarque vaut à propos des 500 millions de dollars dépensés par l'industrie en publicité et dont l'esprit est le même, quoique décliné de multiples façons différentes.

Ce que nous apporte l'expérience tirée de l'observation de la consommation de cigarettes, est que l'approche traditionnelle, qui consiste à dire aux gens ce qui leur est nocif, ne convient que rarement. En d'autres termes, il est temps de changer de terrain de bataille.

« A la mode » contre « vieux jeu »

Le message social contenu dans un produit est un élément qui influe de manière très importante sur sa consommation. (Avant la Deuxième Guerre mondiale, toutes les stars de cinéma fumaient dans les films. C'est le contraire aujourd'hui.)

Cette remarque offre un nouvel éclairage. Contrairement aux producteurs de cigarettes, les producteurs de drogue et les trafiquants ne peuvent pas faire de publicité pour promouvoir une image valorisante de leur produit. Le gouvernement, par contre, *peut* faire de la publicité de manière à rendre l'usage de la drogue de moins en moins valorisant.

Si les Etats-Unis fonctionnent comme il paraît, la demande devrait se trouver notablement réduite. En Amérique quand un produit est « vieux jeu », il ne se vend pas.

Et maintenant, la question de confiance : à quel concept allez-vous faire appel pour commencer à rendre la consommation de drogue moins valorisante ?

L'idée tactique

Quand vous étudiez la situation, il est une idée qui vient immédiatement à l'esprit et qui pourrait sous-tendre une tactique à mettre en œuvre. Il est clair et largement répandu que la drogue ouvre une voie à sens unique. Les drogués sont en danger de perdre leur travail, leurs amis, leur famille, leur propre estime, leur liberté et, en fin de compte, leur vie.

Tout cela constitue un jeu de mots simples dont il est possible de faire une arme à double tranchant dirigée contre les trafiquants. D'une part, vous mettez en évidence les dommages causés par la consommation de drogue et d'autre part, vous présentez les trafiquants dans le cadre d'une image sociale.

L'idée : La drogue ? C'est pour les perdants !

Si la perception de ce slogan peut être établie, un coup mortel sera porté à la demande. S'il est un être que l'Amérique dédaigne entre tous, c'est bien le perdant. Les pauvres types peuvent être tolérés mais les gagnants sont ceux que l'Amérique admire le plus et ceux que chacun aspire à devenir.

De la tactique à la stratégie

Il est temps, maintenant, de transcender votre tactique en stratégie en imaginant qui devrait faire passer le message à l'Amérique.

Le choix qui s'impose est celui d'ex-drogués ou de parents qui pourraient parler de leurs épreuves tristes et émouvantes. Le canal est celui de la télévision avec son impact émotionnel et personnel.

Vous pourriez demander à des gens célèbres et à des vedettes sportives qui ont eu des problèmes notoires de participer à cette campagne. L'acteur Richard Pryor pourrait dire comment il a presque interrompu sa carrière, l'ex-vedette de base-ball Denny MacLain, comment il est allé en prison et perdu sa liberté, l'épouse de John Belushi, comment son mari a perdu la vie.

A la fin de chaque spot publicitaire, l'intervenant regarderait droit vers la caméra et dirait : « La drogue ? C'est pour les perdants ! » A mesure que des célébrités et des inconnus de plus en plus nombreux viendraient marteler ce message, l'Amérique commencerait à se rendre compte que les drogues avilissent.

Dès que le processus sera sérieusement engagé, la demande de drogue commencera à diminuer et son commerce deviendra nettement moins profitable. Il n'y aucun doute que la pègre internationale y pensera à deux fois en considérant le rapport risque/bénéfice du trafic de stupéfiants.

Chapitre 7

Elaborez votre stratégie

A présent, il est temps de transcender votre tactique en une stratégie.

La chaîne de pizzas à emporter Little Cæsars' a lancé le slogan « deux pour le prix d'une ». C'était là, la tactique – l'angle d'attaque mental et concurrentiel – que l'entreprise a choisi pour attaquer Pizza Hut, Godfather's et les autres chaînes.

Généralement, les promotions sont limitées dans le temps. Elles durent, un jour, une semaine, un mois. Elles sont faites pour inciter la clientèle à faire des essais. Vous offrez un bon prix aux prospects pour qu'ils goûtent le produit et peut-être qu'au bout du compte, un certain nombre d'entre eux deviendront des habitués au prix régulier.

C'est, normalement, le sort de la plupart des tactiques. Elles vont et viennent comme la marée.

Little Cæsars', cependant, a transcendé cette tactique en une stratégie en adoptant une promotion permanente « deux pour le prix d'une ».

Le concept clé est celui de « permanence ». Pour transcender une tactique en stratégie, vous devez ajouter l'ingrédient du temps. Vous devez inventer un moyen d'incorporer la tactique dans le tissu même de la structure de l'entreprise et d'en faire le concept stratégique fondamental, sa raison d'être.

Le slogan de Little Cæsars', « deux pour le prix d'une » est devenu un axe cohérent de marketing. Avec cette stratégie simple, l'entreprise est aujourd'hui une des chaînes de pizzas les plus rentables.

La plupart des concurrents ont été obligés d'ajouter le « deux pour le prix d'une » à leurs menus. Cependant, ces réponses compensatrices n'ont été apportées que sur le plan tactique. Pizza Hut, par exemple, n'a pas les moyens de se lancer dans une opération du type « deux pour le prix d'une ». La chaîne ne serait pas en mesure de payer la location de ses emplacements, leur agencement recherché, les salaires de ses employés, etc.

Little Cæsars' est, bien évidemment, une chaîne de produits à emporter. Pour se permettre de maintenir son concept de « deux pour le prix d'une » pendant longtemps, elle se doit de maintenir son cap en choisissant des locaux à faible loyer et en offrant des services limités.

Domino's est une autre chaîne de pizzas qui a su transcender une tactique en stratégie avec succès. La tactique qui gouverne Domino's est la livraison de pizzas à domicile en 30 minutes au plus.

Le processus de la pensée traditionnelle conduit à poser les questions dans l'ordre « logique » : (1) quels sont les plats que nous souhaitons vendre et (2) combien de temps faudra-t-il pour les livrer à domicile ?

Le processus participatif opère de la manière opposée. Se centrer sur la tactique renverse le processus de planification. Quels sont les plats à vendre que nous pouvons injecter dans un cycle de livraison à domicile de 30 minutes au plus ?

Pour réussir, Domino's a réduit à deux le nombre de tailles des pizzas et à six celui des garnitures. La chaîne ne vend qu'une seule boisson, un cola.

Le secret de la transcendance d'une tactique en stratégie est de faire des modifications dans l'entreprise ou dans le produit, non pas de tenter de modifier l'environnement.

La tactique est votre angle d'attaque concurrentiel. Que ce soit « deux pour le prix d'une », « livraison en 30 minutes » ou quoi que ce soit d'autre. Quand vous passez de la tactique à la stratégie, le défi consiste à suivre cette idée fixe sur une longue période de temps. Ce n'est pas facile. Vous êtes soumis à des pressions qui vous poussent à modifier cette stratégie pour y incorporer d'autres produits ou d'autres idées. Céder à ces pressions affaiblit et dilue la puissance d'une direction de marketing cohérente.

La plupart des entreprises commencent par la stratégie. Elles décident ce qu'elles entendent faire, puis elles tentent de déterminer la tactique nécessaire pour atteindre leurs objectifs stratégiques.

Exxon, par exemple, a voulu vendre des postes de PAO que les prospects ne voulaient pas lui acheter. Ceux-ci voulaient se fournir auprès d'IBM et de DEC.

Aucun problème. Exxon est une entreprise extrêmement riche dont les revenus excèdent ceux d'IBM et de DEC additionnés. Exxon s'est donc lancée dans une campagne de publicité de plusieurs millions de dollars pour convaincre les prospects de l'excellence de ses produits et de la sincérité de ses objectifs.

Aucun résultat. Vous ne pouvez pas modifier le marché. Vous devez évoluer pour être en accord avec ce que le marché souhaite acheter et, plus important encore, pour déterminer auprès de qui il souhaite se fournir.

En d'autres termes, il faut d'abord que vous trouviez une tactique qui fonctionne. Des campagnes massives de publicité ne remplacent pas une tactique simple et efficace.

Une direction marketing cohérente

Lorsque vous démarrez avec une tactique unique que vous transcendez en une stratégie, vous vous restreignez à une démarche de marketing unique. Ce processus se traduit par une direction marketing cohérente.

Le processus de marketing participatif élimine un grand nombre de stratégies courantes. Les stratégies qui sont trop générales, trop diversifiées, trop difficiles à mettre en œuvre sont automatiquement exclues lorsque votre réflexion part de la base.

La plupart des stratégies de groupes ne sont pas ancrées dans la réalité. Elles ne sont pas exécutables au sens le plus strict du terme.

La stratégie de Cadillac, par exemple, semble être : « Nous voulons être le leader dans la branche de l'automobile de luxe. » Ce genre de réflexion a conduit à la fabrication d'une série complète de véhicules haut de gamme, parmi lesquels la Cimarron et l'Allanté, deux voitures qui sont des désastres stratégiques parce que la tactique n'est pas solide.

Et chaque fois c'est la même chose. Une stratégie trop ouverte, trop optimiste et trop générale conduit à un faisceau d'erreurs tactiques. Et qui paye, quand la stratégie est erronée ?

Ce n'est généralement pas le dirigeant qui a élaboré cette stratégie. C'est celui qui commande sur le terrain et qui est chargé de l'exécuter tactiquement qui paye les pots cassés.

Ce n'est pas Ronald Reagan qui a été condamné à la suite de l'Irangate.

Mais ceux qui ont exécuté la tactique n'ont pas eu autant de chance. Ont été condamnés : Oliver North, John Poindexter, Richard Secord et Albert Hakim.

La puissance de l'objectif unique

Quand vous opérez à partir du terrain, vous êtes sûr d'imaginer une tactique et d'élaborer une stratégie unique. En d'autres termes, vous vous obligez à vous concentrer sur un objectif de marketing unique et puissant.

C'est la conséquence la plus importante de la pratique du marketing participatif. C'est l'essence même d'une bonne réflexion.

Quand vous pratiquez les méthodes traditionnelles, quand vous commencez par définir une stratégie pour déterminer ensuite les mouvements tactiques, vous dégagez invariablement de nombreuses tactiques différentes.

La plupart de ces tactiques se révèlent bien évidemment inefficaces. Comment pourrait-il en être autrement ? Elles n'ont pas été développées parce qu'elles étaient conquérantes ; elles ont été choisies pour « supporter » la stratégie.

En outre, l'existence de plusieurs tactiques différentes rend incohérent le programme général de marketing qui devient inefficace.

Pourquoi les commerciaux considèrent-ils que deux objectifs valent mieux qu'un ? Est-ce qu'un boxeur frappe des deux poings simultanément ?

Un général d'armée attaquerait-il en chaque point d'un front au même moment ? Jamais.

Un directeur marketing attaquerait-il tous les marchés avec tous ses produits au même moment ? Oui, ils le font tous tout le temps, mais jamais de manière très efficace.

Les entreprises qui croient en des démarches simultanées sur tous les fronts sont aussi celles qui croient, généralement, en des journées de travail de 12 à 16 heures.

Leur religion prêche que l'accumulation des efforts est le secret de la réussite. (Au cas où vous ne l'auriez pas remarqué, Hertz dépasse toujours Avis d'une large tête.)

Pourtant, l'espoir tient au corps de nombreux responsables commerciaux adeptes du « 12 heures par jour ». Ils s'accrochent à l'idée que leurs collaborateurs sont en quelque sorte meilleurs et, qu'avec juste un petit peu plus d'efforts ou en améliorant quelque peu les produits ou la publicité, la vérité sortira du puits et qu'un concurrent sera vaincu.

Leur stratégie consiste souvent à tenter de faire, mais en un peu mieux, ce que fait le leader de leur branche. Exactement comme un général qui dirait qu'il suffit de se battre avec un peu plus d'allant pour gagner, quel que soit par ailleurs l'objet de la lutte.

« Se défoncer » n'est pas le secret du succès en matière de marketing.

L'expérience montre que c'est, en fait, exactement le contraire. Les généraux victorieux étudient la situation et cherchent le mouvement puissant et audacieux auquel l'ennemi s'attend le moins. En trouver un est déjà difficile, en trouver plusieurs, quasiment impossible.

Le stratège militaire et auteur, B. H. Lidell Hart, a baptisé cette attaque audacieuse, l'exploitation de l'« axe de moindre anticipation ».

Le débarquement des troupes alliées en 1944 s'est fait en Normandie, alors même que les Allemands considéraient que, pour un mouvement de cette importance, le choix de cet endroit était fort improbable à cause de la marée et de la côte rocheuse.

C'est la même chose en marketing. Un concurrent n'est en général vulnérable qu'en un seul point. Et ce point doit être la cible de toute la force d'attaque. C'est cette tactique que vous devez rechercher pour la transcender en stratégie.

Quand vous l'avez inventée, vous devez élaborer votre stratégie sur le mode participatif. Vous devez saisir cette tactique et l'exploiter à fond en engageant toutes les ressources de votre entreprise dans la lutte.

Le cas de General Motors

L'industrie automobile constitue un cas intéressant à considérer. Pendant des années, la force principale du leader se situait en milieu de gamme.

General Motors repoussait facilement les assauts de front des concurrents, Ford, Chrysler et American Motors avec des modèles comme Chevrolet, Pontiac, Oldsmobile, Buick et Cadillac. Le fiasco de l'Edsel en est un exemple typique.

La dominance de GM est ainsi devenu légendaire.

La réussite en marketing n'est pas différente de la réussite militaire. Elle tient en ces mots : une tactique inattendue.

Hannibal a traversé les Alpes, une voie réputée inutilisable par une armée. Hitler a contourné la ligne Maginot et a lancé ses divisions blindées à travers les Ardennes, route que les généraux français supposaient impraticable par les Panzers. (En fait, il l'a fait deux fois : une fois pendant la bataille de France et une autre pendant la bataille de Belgique.)

Depuis la fin de la Seconde Guerre mondiale, GM a été l'objet de deux attaques puissantes. Et toutes les deux ont contourné la ligne Maginot de la GM.

Les Japonais ont attaqué par le bas de gamme avec de petites voitures comme Toyota, Datsun et Honda.

Les Allemands ont attaqué par le haut de gamme avec des voitures de superluxe comme Mercedes et BMW. L'expérience montre qu'il n'y avait pas d'autres angles d'attaque qui puissent permettre de prendre l'avantage de manière notable sur GM.

Face au succès des attaques allemandes et japonaises, la GM a été obligée de prendre des mesures pour se défendre à la fois en haut et en bas de sa gamme.

Dans un effort d'économie et dans le but de maintenir son niveau de profits, la GM a pris la regrettable décision de rationaliser sa production en concevant la plupart de ses modèles de milieu de gamme à partir du même style de carrosserie. Cette décision était bien représentative d'une réflexion traditionnelle. Brusquement, plus personne ne pouvait plus distinguer une Chevrolet d'une Pontiac, d'une Buick ou d'une Oldsmobile. Toutes ces voitures se ressemblaient.

Du coup, la GM s'est trouvée fragilisée dans son milieu de gamme, ce qui a donné à Ford l'occasion d'une attaque au moyen des modèles Taurus et Sable de style européen.

Si vous analysez la situation de la GM sous l'angle du marketing participatif, la solution tactique à choisir est évidente. Chaque catégorie de prix exige un modèle de GM qui porte un nom différent et présente un aspect propre.

Et quand vous transcendez cette tactique en stratégie, vous êtes conduit au concept initial qu'Alfred P. Sloan avait imaginé pour la General Motors. Et Smith n'aurait pas dû modifier ce que Sloane avait développé.

Vous pourriez penser : « J'utilise le système General Motors. J'ai un produit différent dans chaque catégorie de prix. Je ne donne pas de nom différent à chacun de ces modèles ; j'utilise le nom du groupe parce que c'est plus efficace. Comment vais-je réussir la conquête du marché avec une GM ? »

Vous ne réussirez pas ! Votre stratégie n'est pas participative. Elle n'est pas construite sur un angle d'attaque concurrentiel, sur une tactique qui va réussir.

Et pourtant, il semble s'agir d'un point si mineur : un nom différent pour chaque modèle. Mais toutes les tactiques s'appuient sur des points mineurs.

Si la stratégie est un marteau, la tactique est un clou. Remarquez bien que ce qui pénètre, ce n'est pas le marteau, c'est le clou.

Vous pouvez posséder le marteau le plus puissant du monde (c'est-à-dire, la stratégie), mais la démarche marketing ne donnera rien si vous ne frappez pas sur le bon clou (c'est-à-dire, la tactique).

Toute la puissance stratégique de General Motors n'entamera pas le succès de BMW avec un produit baptisé Buick Reatta. La tactique est erronée.

« Ce n'est qu'un nom, » pourriez-vous penser. « C'est si peu de chose. »

Vous avez doublement raison. Les tactiques sont des petits riens que vous transcendez en stratégies qui, elles, sont de grandes choses. C'est une démarche participative fascinante qui peut conduire à de fabuleux succès dans le domaine du marketing.

Le vrai problème chez Coca-Cola

Observons la guerre permanente entre Coca-Cola et Pepsi-Cola. Que peut imaginer Coca-Cola pour sortir du cercle vicieux de sa guerre de tranchées avec Pepsi ?

A l'heure actuelle, Coca-Cola mène une bataille sur deux fronts avec ses Coca classique et nouveau. Alors que le Coca classique a regagné toute sa puissance originelle, le nouveau Coca (l'Edsel d'Atlanta) survit à peine.

Ceci pour illustrer à quel point les deux marques combinées atteignaient « à peine » à l'automne 1988 un point de marché de moins que celui occupé par le Coca en 1983 au moment où a commencé cette plaisanterie ridicule.

Depuis lors, Coca-Cola a traversé une période interminable d'essai d'idées tactiques pour essayer de contrer la politique de Pepsi-Cola orientée vers les jeunes sous le nom de « la génération Pepsi ».

Et chaque année nous a apporté un slogan différent : « Nous avons un goût pour vous »; « Le vrai choix »; « Bondissez sur la vague »; « Rouge, blanc et vous »; « Vous ne pouvez pas faire mieux ». (En attendant, la « génération Pepsi » a 25 ans.)

Aucune de ces « bonnes » idées de Coca-Cola n'a réussi. Vous pouvez être assurés que cette énumération a encore de beaux jours devant elle.

Un de ces jours, les généraux de l'armée Coca-Cola vont s'enfermer dans une des salles de réunion d'Atlanta et tapisser ses murs d'un nouvel ensemble de slogans. La direction générale de Coca-Cola va s'attabler et doctement discuter des dernières démarches créatives jusqu'à parvenir à un accord sur le prochain effort à faire. Dont nous prédisons d'ailleurs qu'il sera aussi vain que l'immortel slogan « Nous avons un goût pour vous ».

Ce n'est pas à Atlanta que Coca-Cola pourra trouver une réponse à son problème. C'est en allant en première ligne.

Quand vous cherchez ce qui se passe dans la tête du client éventuel, il apparaît qu'il ne reste à Coca-Cola qu'une seule chose à faire. En deux étapes. La première est un pas en arrière, la seconde, un pas en avant.

D'abord, l'entreprise doit assumer ses erreurs et abandonner le Coca nouveau. Pas du tout parce qu'il s'agit d'un produit « loser » ou embarrassant, mais tout simplement parce que son existence empêche Coca-Cola de tirer parti de l'avantage tactique qu'il possède auprès de ses prospects.

Une fois le Coca nouveau soigneusement rangé dans les archives de la maison, Coca-Cola sera en mesure de revenir au concept du « Coca-Cola, c'est vrai ». (Au fait, quand vous pensez à Coca, ne pensez-vous pas que Coca-Cola c'est vrai ?)

Le concept étant remis en selle (en réalité, la demande du consommateur est là), Coca-Cola est en mesure de le lancer contre la « génération Pepsi » et de chasser Pepsi-Cola de tous les réfrigérateurs.

Pour presser la gâchette, tout ce que Coca-Cola a besoin de faire, c'est de passer à la télévision et de dire à la génération Pepsi : « Bien, les enfants, nous n'avons pas l'intention de vous influencer. Mais quand vous serez prêts pour le « vrai truc », nous l'avons pour vous. »

Ce serait là, le début de la fin de la génération Pepsi. Comme vous le dira n'importe quel parent, il n'est pas d'enfant au-dessus de 10 ans qui accepte une imitation. Ils veulent tous le « vrai truc »... qu'il s'agisse de battes de base-ball, de poupées Barbie, de blue jeans, de baskets ou de colas.

Modifiez l'entreprise, non pas le marché

La situation de Coca-Cola illustre l'un des aspects fondamentaux du marketing participatif. En transcendant une tactique en stratégie, vous devez être prêts à opérer tous les changements nécessaires en matière de produit ou d'entreprise. Vous ne pouvez pas obliger le marché à changer.

Une tactique de marketing est un angle d'attaque mental. Elle doit faire son chemin dans la tête des gens. La seule idée qui ne puisse être ôtée de l'esprit est : « Coca-Cola, c'est vrai. » Aussi, Coca-Cola devrait abandonner le nouveau Coca parce qu'il affaiblit cette puissante idée tactique.

Oui, mais l'ego se met souvent en travers du chemin. Laisser tomber le nouveau Coca, c'est admettre devant la communauté commerciale que son lancement était une erreur. Et, ceux d'Atlanta, là-bas, savent bien que Pepsi-Cola, leur ennemi héréditaire, sera le premier à le relever. Et pas seulement sous la forme d'une lettre ou d'un coup de téléphone. Mais bien plus probablement sous la forme d'une campagne publicitaire en pleine page et dans tous les journaux d'audience nationale.

Coca-Cola devrait arrêter les frais. Comme dit Peter Drucker : « Il est plus dangereux de défendre hier que de construire demain. »

Il arrive parfois qu'une excellente stratégie soit déviée par l'apparition d'un élément qui efface la puissance tactique d'un concept.

Supposons que vous travailliez pour le groupe Holiday Inn et que vous ayez étudié la tactique et la stratégie relatives à un nouveau type d'hôtel destiné à concurrencer Marriot et Hyatt. Vous avez trouvé une parfaite raison sociale de haut de gamme : Couronne Plaza. Pas mal.

Mais, envers et contre tout, ne voilà-t-il pas que le PDG ou l'un de ses acolytes à la direction de Holiday Inn s'est mis en tête d'ajouter le nom du groupe à votre trouvaille et d'en faire : « Holiday Inn Couronne Plaza ».

Patatras ! Adieu la belle idée d'un hôtel de luxe. L'aspect Couronne Plaza disparaît sous le poids de l'Holiday Inn.

La direction peut même être d'accord avec vous sur le fait que cette approche réduit la puissance tactique de la campagne marketing axée sur le luxe. N'empêche, stratégie d'abord, tactique ensuite. Il ne vous reste plus qu'à faire davantage d'efforts.

La justification se trouve dans l'énoncé de la stratégie du groupe : « Nous allons renforcer notre puissance en utilisant le nom du groupe pour toutes nos propriétés. »

Protester contre ce genre de décisions est en général complètement inutile. « C'est un détail tactique », répond la direction. « Faites donc quelques efforts supplémentaires, tout s'arrangera. »

Faux. La tactique gouverne la stratégie. Et le côté tactique d'une bataille de marketing réside dans les petits détails. Si le clou est tordu, la bataille est perdue.

Quand vous élaborez une stratégie, vous ne pouvez pas laisser les considérations de groupe influer sur la tactique. Il arrive qu'un changement mineur soit suffisant pour que le marteau frappe à côté du clou.

Chapitre 8

Une stratégie pour Avon

Le besoin de se diversifier représente une force fondamentale qui guide les groupes industriels. Sous bien des aspects, c'est la stratégie dominante de nombreuses entreprises. De plus, ce besoin de diversification existe dans tous les types de situation.

Quand tout va bien, une entreprise souhaite se diversifier afin de « tirer tout le parti possible de son nom ou de son image de marque ».

Quand tout va mal, une entreprise souhaite se diversifier afin d'aller vers d'autres lieux où l'herbe est plus verte.

Ces deux stratégies sont évidemment classiques. Et toutes deux conduisent généralement à des problèmes.

La stratégie du « tout va bien » mène une entreprise vers ce que nous appelons le piège de l'extension de gamme.

La stratégie du « tout va mal » et de la diversification vers de nouveaux domaines entraîne autant de problèmes que l'extension de gamme.

Avon est un exemple du deuxième cas. Comme les affaires de son activité première étaient mauvaises, Avon s'est mis en chasse et a acheté quelques entreprises productrices de parfum.

Quand ça devient dur

Malheureusement peu de grands dirigeants suivent la règle qui dit que « Quand ça devient dur, il faut s'accrocher. »

Ils ont leur propre version de ce vieux dicton. Ce qui donne : « Quand ça va mal, trouvez quelqu'un d'autre pour bosser. »

Après que plusieurs bons éléments ont été sacrifiés en essayant de redresser la situation, la série suivante de dirigeants explique au conseil que le marché stagne. Qu'il n'est pas possible d'espérer le retour des jours glorieux des années passées parce que le marché a changé. Et les graines sont semées pour un futur déplacement du groupe vers d'autres intérêts.

La première chose dont vous entendez ensuite parler concerne de nouvelles acquisitions. La direction s'intéresse aux marchés voisins où il semble que l'herbe soit beaucoup plus verte.

Tout cela a une mauvaise influence sur votre métier de base dans la mesure où les autres managers, constatant le désintérêt de la direction générale, commencent alors à réévaluer leurs priorités. Plus de démarches nouvelles et audacieuses et l'entreprise dépense plus qu'elle n'engrange.

Il arrive parfois qu'il faille faire face à la réalité d'un déclin. Mais, à moins que votre entreprise ne soit construite sur une mode, il n'en est pas qui disparaisse en une nuit. En outre, quand vous partez à la chasse de nouveaux marchés dominés par d'autres, vous sautez de la poêle à frire dans le feu lui-même. Il vaut mieux que vous dépensiez votre argent à mettre en valeur votre savoir-faire.

Sans oublier qu'en changeant de parcours, vous risquez de laisser passer des occasions en or que vous avez sous le nez.

Ouvrez, c'est Avon

L'histoire d'Avon est un peu celle-là. Longtemps leader de la vente de produits de beauté en porte à porte, Avon a constaté que les choses devenaient plus difficiles à mesure que la vente de ce type de produits passait des grands magasins (peu accessibles) aux détaillants de produits cosmétiques et parapharmaceutiques (bien plus accessibles).

Et, par dessus le marché, la maîtresse de maison était de moins en moins présente au cours de la journée pour répondre au fameux coup de sonnette. (« Ding dong, c'est Avon. »)

Peu à peu, la vente directe a commencé par perdre un peu de son attrait dans la mesure où le marché est arrivé à maturité et que son développement s'est stabilisé.

C'est une des raisons pour lesquelles Avon a commencé par jeter un œil par dessus la clôture sur la brillante Cinquième Avenue et le profitable marché de 2 milliards de dollars des parfums de haute qualité.

Et ces messieurs d'Avon ne purent résister à ce qu'ils virent. Rapidement, ils organisèrent la vente au détail des parfums Catherine Deneuve, puis ils achetèrent Giorgio Inc. Quelques mois plus tard, ce fut le tour des Parfums Stern, fabricant de Perry Ellis pour hommes et des parfums féminins Oscar de la Renta, Ruffles et Valentino.

La logique était sans faille. Le glissement d'Avon vers les parfums de créateurs à vendre dans les grands magasins n'a certainement pas été difficile à présenter au conseil. Il y a de moins en moins d'hommes et de femmes qui restent à la maison dans la journée ; ils sont au dehors, au travail. Et les femmes qui travaillent disposent de revenus bien plus élevés que jamais.

Et ailleurs l'herbe est tellement plus verte. Comme l'aurait dit James Preston, PDG du groupe Avon, « où ailleurs pouvez-vous trouver des marges avant impôts de l'ordre de 13 à 16 % et des dividendes de l'ordre de 20 % ? »

Supposons que vous ayez été nommé directeur du marketing chez Avon. Qu'auriez-vous fait ? Sur quoi auriez-vous mis l'accent ?

Faire face aux problèmes internes

Voilà un défi formidable. En premier lieu, les nouveaux concurrents d'Avon – Estée Lauder et Calvin Klein – sont des vieux singes en ce qui concerne les métiers de mode et de tendance. En second lieu, ces dernières années, les ventes des parfums de créateurs ont stagné. Troisièmement, le style de promotion et de publicité des parfums haut de gamme de créateurs est très différent de celui dont Avon a l'habitude. Le mystère et la fantaisie sont des arguments de vente aussi importants que le prix.

A l'évidence, cet effort difficile, pour être couronné de succès, exige de votre part une attention soutenue.

Et pendant ce temps, qu'advient-il de votre métier de base ? C'est là une question d'autant plus importante que la vente des produits de beauté constitue la plus grande partie de l'activité d'Avon.

Au cours des récentes années, Avon a perdu du terrain. Sa part du marché des cosmétiques a diminué de 33 %. (Elle est passée de 12 % à 8 % du marché.)

Sans préjudice pour les occasions que représentent les nouvelles acquisitions de parfumerie, nous pensons que votre premier souci sera de consacrer votre attention à votre métier de base, les produits de beauté.

Où allez-vous commencer? Où allez-vous trouver une tactique qui permettra de gouverner votre métier de base ?

Avon, qu'est-ce que c'est ?

Bien évidemment, vous allez partir de la réflexion de votre prospect. Et vous allez commencer en posant une question fondamentale : « Qu'est-ce que le nom Avon ? »

Ou, plus précisément : « Avon est-il un produit ou Avon est-il un réseau de vente ? » Il est clair qu'Avon est les deux à la fois mais le principe du centrage s'applique immédiatement. « Avon est-il plus perçu comme un produit ou comme un réseau ? »

Vous pourriez supposer que l'image d'Avon est toujours liée à l'expression fameuse : « Ding dong, c'est Avon ! »

Ou bien, parce qu'Avon représente de nombreux et différents produits de beauté, vous pouvez imaginer que le nom apparaît plus comme celui d'un réseau de vente que comme celui d'un fabricant. En l'occurrence, vous avez probablement raison.

En fait, Avon représente la possibilité d'acheter des produits de beauté à la maison ou sur le lieu de travail.

Disons qu'Avon est un réseau. Par chance, c'est également ce qui fait son aspect unique.

Vous pouvez acheter de nombreuses marques de shampooings différentes, une seule, cependant, peut être commandée et livrée à votre domicile : Avon.

Si votre perception est juste, votre tactique devra être bâtie autour d'une publicité mettant en évidence l'aspect « réseau » d'Avon et non l'existence de « produits » Avon.

Votre campagne de publicité devra rendre votre caractéristique « réseau » plus importante encore. Une fois entré, votre représentant peut vendre un grand nombre de produits divers. Et probablement, parmi ceux-là, il y aura un produit qui vous rapportera vos profits les plus grands.

Si l'image ou la perception d'Avon manque un peu de légèreté, cela doit être dû à vos représentants. Après tout, ils représentent l'entreprise. Et la question essentielle est : comment repositionner vos représentants ? Comment insister sur ce qu'ils représentent, de manière à engager le client éventuel à se fournir à travers le réseau Avon ?

Il est clair que plus vous vous engagerez sur cette voie, plus vous aurez de chances d'accroître le pourcentage de produits de beauté achetés par vos clients aux représentants d'Avon.

Un regard sur la concurrence

Une tactique est un angle d'attaque mental et concurrentiel. Si Avon est un réseau, quels sont ses concurrents ? Quels sont les autres réseaux en compétition ? Avon possède deux concurrents majeurs :

1. *Le Grand magasin* : si le prix ne représente pas un problème, une cliente peut aller jusqu'à un grand ma-

gasin, rencontrer le représentant du fabricant et choisir avec son aide les produits qu'il lui faut.

2. *Les boutiques libre-service* : si le prix joue un rôle, une cliente peut aller jusqu'à un magasin de grande distribution trouver ce qui lui est nécessaire. Aucun service n'accompagnera son achat.

Le troisième réseau est Avon. Ce que vous représentez, c'est la commodité. Une cliente peut appeler un représentant d'Avon ou consulter le catalogue et choisir ce qu'il lui faut. Avon le livrera.

En considérant le déclin de votre part de marché, il semblerait que les deux autres réseaux sont en train de gagner la guerre.

Si vous voulez qu'Avon reconquière sa part de marché, il va falloir que vous trouviez un moyen d'élargir la différence entre le grand magasin et le distributeur de masse. Votre canal doit offrir une partie du conseil offert par le grand magasin mais à des prix relativement voisins de ceux pratiqués par le distributeur de masse.

Voici, à présent, deux suggestions qui constituent, en réalité, les deux faces d'une même pièce tactique.

Le CPB d'Avon

Cette approche conduit à transformer le vendeur d'Avon, auparavant distributeur de catalogues et preneur de commandes, en un Conseil Personnel en soins de Beauté (un CPB, pour faire plus court).

Il est clair que la formation est un élément essentiel, la publicité aussi d'ailleurs, du développement de ce rôle nouveau. (Cet aspect des choses constitue la stratégie qui piloterait la tactique CPB).

Vous pouvez imaginer que l'offre d'une multitude de produits de beauté et d'une multitude de couleurs risque de créer la confusion dans l'esprit des clients. Le concept du CPB pourrait jouer un rôle positif à ce niveau.

Un OB d'Avon

En liaison avec le CPB, il existe maintenant un nouvel outil technologique qui pourrait faire du vendeur d'Avon un véritable conseil personnel en soins de beauté.

Vous pourriez, en effet, équiper vos représentants les plus productifs d'Ordinateurs Beauté (des OB). Programmés pour prendre en compte des données telles que le type de peau et la couleur des cheveux, ce petit ordinateur pourrait avantageusement aider le CPB à choisir et à proposer à une consommatrice l'ensemble des produits qui lui donneront un « véritable air de fête ».

En réalité, les OB pourraient être des terminaux d'ordinateur reliés téléphoniquement à de grosses machines ou à des mini-ordinateurs.

En plus de l'aide apportée aux représentants, l'OB d'Avon pourrait devenir une extraordinaire idée publicitaire de vente du réseau. (La tactique publicitaire devrait gouverner la stratégie commerciale.)

Fondamentalement, l'ordinateur beauté est l'outil qui transforme le représentant d'Avon en un conseil personnel en soins de beauté.

Vous pourriez aussi constater que l'OB est déjà en cours d'étude chez Avon. Cela ne devrait pas vous surprendre car l'idée est évidente. C'est plus une affaire d'engagement du groupe vis-à-vis du concept lui-même.

En d'autres termes, la transcendance de la tactique en stratégie exigerait beaucoup de temps et des fonds importants. C'est sur ces plans-là que la mise en œuvre du concept risque d'achopper.

Avec votre réflexion participative, vous venez de placer la direction générale d'Avon face à un dilemme cornélien. Après avoir fait accepter au conseil d'administration un investissement important dans le domaine des parfums de créateurs, voilà que vous réclamez à nouveau qu'il ouvre son coffre afin de vous donner les fonds nécessaires pour investir dans une technologie nouvelle et les formations correspondantes.

Un membre du conseil pourrait alors demander comment la direction espère financer les deux activités avec des ressources limitées. Votre nouvel effort de distribution pourrait conduire le conseil à poser des questions importantes et provoquer ainsi des situations embarassantes.

Si le PDG y pense, il se pourrait bien que vous perdiez votre poste, occupé depuis si peu de temps, de directeur du marketing chez Avon.

Chapitre 9

Introduisez les changements nécessaires

La transformation d'une tactique en stratégie entraîne invariablement la nécessité d'introduire des changements. Comme dans le cas d'Avon, les changements que vous devez apporter ne concernent pas le marché. Ce que vous devez modifier, c'est l'entreprise ou ses produits.

Qu'est-ce qui est fixe et qu'est-ce qui est variable? Le marché est fixe parce que vos efforts de marketing ne peuvent pas modifier de manière notable sa structure ou les habitudes d'achat. Pas plus que vous ne pouvez changer fondamentalement l'esprit des prospects.

Mais chez l'expert, l'espoir est éternel. Et les hommes du marketing croient qu'ils peuvent modifier le comportement humain grâce à la publicité. Pourtant, cela a autant d'effet que d'essayer de réchauffer l'atmosphère en ouvrant les fenêtres.

L'industrie de la publicité dépense chaque année l'équivalent de 500 millions de dollars en temps et en espace pour participer à la lutte contre la consommation de drogues.

A l'opposé, les trafiquants et les grossistes ne dépensent pas un sou, même si leurs moyens sont illimités.

Le problème de la drogue est très difficile à résoudre. Le concept tactique que nous avons suggéré au chapitre 6 ne peut conduire au mieux qu'à une réduction de la demande.

Quelle que soit la puissance du marketing, il ne peut se substituer aux désirs et aux besoins des êtres humains.

Il fut un temps où aux Etats-Unis, la consommation de boissons alcoolisées était aussi illégale que celle de la drogue aujourd'hui. Et qui a gagné la bataille contre la consommation d'alcool ? Le gouvernement ou le peuple ?

Vous pouvez combattre la municipalité. Vous ne pouvez pas combattre le marché. L'objectif d'une campagne de marketing ne doit pas être de modifier les esprits. L'objectif de votre campagne de marketing doit être d'utiliser de manière « biaisée » les idées et les concepts qui sont déjà installés derrière ces têtes.

« Biaiser » est une autre manière de définir l'angle d'attaque assigné au programme d'action par la stratégie de marketing. C'est exactement ce qu'apporte l'entraîneur à l'équipe de foot ou de base-ball.

Les gens du marketing s'opposent souvent aux changements imposés par les événements ou les conditions externes. Ils prennent à cœur le conseil de Shakespeare, « Et par dessus tout : sois fidèle à toi-même. » Ils oublient que ces mots sont prononcés par Polonius et vous savez quel a été son sort. (Il a été tué par Hamlet d'un coup d'épée donné à travers les rideaux.)

En essayant de modifier le marché

La planification stratégique traditionnelle introduit presque toujours un élément de modification obligatoire du marché. Et le plan est un échec parce que cette modification est impossible à réaliser.

C'est exactement la même chose sur le plan militaire. La stratégie menée par Hitler en 1942 sur le front sud de l'URSS nécessitait que Stalingrad fut prise pour ouvrir la voie vers les champs pétrolifères du Caucase.

Mais le général von Paulus ne put prendre la ville.

Plus d'un plan de marketing traditionnel subit le même destin que la sixième armée allemande sur le Don. Le plan est obéré dès l'origine par l'impossibilité de modifier un seul élément de l'esprit du prospect. La grande stratégie suivie par Xerox pour devenir un des majors de l'informatique s'est effondrée sur la perception solidement ancrée que Xerox signifie photocopieurs, non pas ordinateurs.

« Nous pouvons modifier cette image » ont clamé les dirigeants Xerox.

Non, vous ne le pouvez pas. Plusieurs milliards de dollars plus tard, Xerox signifie toujours photocopieurs. (Tout compte fait, c'est une bonne chose pour Xerox que cette image demeure.)

Le fondement du marketing participatif est d'accepter les points fixes qui existent dans les esprits et d'opérer les modifications nécessaires dans l'entreprise.

N'essayez pas de pénétrer les esprits par la force. *Modifiez* votre chemin dans les esprits. Selon la boutade classique du patron d'un magasin de prêt-à-porter pour hommes : « Allumez la lumière bleue. Monsieur souhaite un complet bleu. »

N'essayez pas de le convaincre que le marron lui va mieux, même si c'est vrai.

Au cours du processus participatif, les variables sont toujours internes à l'entreprise. Les changements nécessaires ne sont généralement pas des bouleversements drastiques. Parfois, il suffit juste d'allumer les lumières bleues.

Débaptisez, rebaptisez

A mesure que le temps passe, certains noms de marque ont tendance à passer de mode. Prenez la Western Union, par exemple. Fondée en 1851, c'est l'entreprise qui a introduit le télégraphe et qui a fait disparaître le Poney Express dix ans plus tard. C'est aussi l'entreprise qui est en cours de disparition parce qu'elle refuse d'effectuer les modifications indispensables.

Un siècle après sa fondation, le télégramme demeurait toujours l'essentiel de son fonds de commerce. Mais les temps changent et la Western Union essaye de rester dans la course.

Western Union a lancé le premier satellite de communications internes. Elle a été un pionnier de la messagerie électronique avec Mailgram d'abord, puis avec Easy Link, son service de communication informatisé.

Et après tous ces millions de dollars dépensés pour lancer tous ces nouveaux services électroniques, quelle image de l'entreprise le public a-t-il ? Vous avez gagné. Un petit télégraphiste à vélo.

Et cette image n'est même pas bonne. « Nous savions que le télégramme était un faux, pouvait-on lire dans un article publié par un des grands hebdomadaires actuels, parce qu'il est arrivé à l'heure et qu'il ne comportait pas de fautes de frappe. »

Allumez les lumières bleues. Western Union a besoin d'un nom de marque nouveau.

Au lieu de modifier son nom de marque, la Western Union a choisi de changer d'image. Elle a dépensé des millions en publicité et d'autres millions en lançant des services nouveaux.

Et le PDG d'annoncer au printemps 1981 : « Nos services nouveaux, Easy Link, la messagerie électronique, le Telex mondial, Airfone, la radio cellulaire, placent Western Union à l'avant-garde de notre industrie. Pendant que nous continuons à gérer une entreprise héritée du passé, nous allons également poursuivre le lancement d'un flot continu de nouveaux services. »

Ce flot continu ne sert à rien pendant que la Western Union continue à lentement couler dans l'Ouest. Restez en contact avec le *Wall Street Journal* pour en savoir plus sur la saga de l'entreprise qui porte au vingtième siècle, un nom de marque du dix-neuvième.

Les noms de marque se déphasent

Les noms de marque doivent être accordés à ce qu'il y a dans la tête des prospects. Comme dans le cas de la Western Union, il arrive souvent qu'ils se déphasent.

Avec le développement de l'épidémie de SIDA (en anglais, AIDS), les ventes de la sucrerie AYDS ont diminué de 50 %. Remède : changer de nom de marque.

La compagnie de transports aériens, Allegheny Airlines, ne conduisait nulle part jusqu'à ce qu'elle se rebaptise USAir. (Ça n'a pas changé grand chose car les voyageurs ont continué à la surnommer « Agony Airlines ».)

Alphonso d'Abruzzo n'est pas arrivé à obtenir un seul cachet de la télévision jusqu'à ce qu'il change son nom en Alan Alda.

Avant qu'Haloid lance le photocopieur à papier ordinaire, il ajouta Xerox à son nom de marque.

Avant qu'il ne changea son nom en celui de Ralph Lauren, la chemise que Ralph Lipshitz portait sur son dos n'aurait même pas retenu votre regard.

Un chercheur a mis la marque Sanyo sur un appareil de chez RCA et a demandé à 900 personnes de le comparer à un appareil identique portant la marque RCA. 77 % des personnes interrogées affirmèrent que le produit Sanyo était le meilleur.

Ne luttez pas contre les réactions du prospect. Allumez plutôt les lumières du nom de marque.

La chaîne de restaurants Sambo a tenté de défendre son nom de marque. Sambo, qui fut à un moment donné la plus importante chaîne de brasseries des Etats-Unis avec plus de 1 000 unités, a fini par déposer son bilan. Aujourd'hui, un nom de marque à relents raciste ou sexiste sera rejeté. Si vous en portez un, changez-le.

Si votre nom de marque ne convient pas à la tactique que vous souhaitez transformer en stratégie, changez votre nom de marque. C'est un des éléments fondamentaux de l'aspect stratégique du processus participatif.

Les changements de noms de marque sont plus courants que vous ne pourriez le penser. Récemment, en une seule année, 1 753 entreprises américaines ont changé de nom.

Modifiez le produit ou les services

C'est la modification la plus courante que nécessite la transcendance de la tactique en stratégie.

Prenez l'exemple d'une banque qui découvre un développement tactique intéressant dans sa spécialité qui est le prêt pour achat de voitures. Alors que ses concurrents mettent 48 heures pour traiter un dossier, cette banque le fait en 24 heures.

Accorder un prêt pour l'achat d'une voiture dans un délai inférieur de moitié à celui que prennent vos concurrents n'est pas une mauvaise tactique dans un domaine aussi compétitif que la banque. Mais étant donné la nature de l'activité, le service ne demeurerait pas longtemps exclusif.

C'est toujours le destin d'une tactique. Si elle ne « marche » pas, vous perdez. Si elle « marche », vous êtes copié.

La banque a transformé la tactique du « prêt en 24 heures pour achat de voiture » en une stratégie. Elle a modifié toutes ses procédures pour accélérer les traitements bancaires. Elle a décentralisé les prises de décision au niveau local. (L'une de ses équipes de tête peut accorder des prêts commerciaux allant jusqu'à 10 millions de dollars et cette équipe se réunit tous les jours.)

Une fois que ces modifications ont été mises en place, la banque a lancé une vaste campagne de marketing de manière à se positionner comme la « banque qui réagit vite ».

« Le temps, c'est de l'argent », annonçait une des publicités. « Pas plus que les gens ne devraient agresser les banques, les banques ne devraient retenir les gens », soulignait un autre message.

En se saisissant du concept de l'évolution rapide, la banque a également empêché les concurrents de la copier.

Les concurrents ne manifestent aucune retenue à copier une tactique. American Airlines a lancé AAvantage, un programme pour voyageurs empruntant fréquemment ses lignes aériennes. Cela n'a pas empêché quasiment tous les transporteurs aériens de lancer chacun un programme identique.

Le cas des stratégies est différent. Une bonne stratégie est difficile à copier. Est-ce que les responsables de la National Car Rental pourrait dire au public « nous en faisons plus » ?

L'absence d'une discipline de produit conduit de nombreuses entreprises à manquer des occasions de transformer le succès tactique d'un « produit » en une stratégie d'entreprise à long terme.

Sony, par exemple, a été le pionnier de la miniaturisation en électronique. « La télé miniature » disait un fameux message publicitaire.

Sony possédait le potentiel nécessaire pour établir sa domination dans le domaine du « miniature » en électronique. Pourtant, Sony s'est lancé dans les écrans de télé géants. (La même erreur qu'a commise Volkswagen.)

La plupart des dirigeants de groupes font preuve d'un déplorable manque de discipline en ce qui concerne le lancement de produits nouveaux qu'ils devraient restreindre à des domaines stratégiques étroits. Ils veulent tout avaler. « Nous possédons peu. Sortons de nos frontières et allons conquérir, nous aussi, un gros morceau », est le scénario typique suivi par une entreprise, qui finit par ne plus rien posséder du tout.

Adaptez vos prix

Nous aurions dû dire « commencez par adapter vos prix ». Une fois que le prix psychologique d'un produit a été établi, il est difficile d'en changer.

Cadillac ne peut pas vendre des Allanté à 56 000 dollars parce que dans l'esprit des gens, une Cadillac ne vaut pas ce prix-là.

Absolut vend sa vodka à 12 dollars les trois quarts de litre grâce à, et non pas malgré, son prix élevé. Ce dernier est absolument nécessaire au positionnement du produit en tant que vodka de superluxe.

Les chaussures Bally sont également des produits dont le prix a été bien établi. Sur le marché américain, Bally est un grand de la chaussure haut de gamme.

Cependant, si vous allez en Suisse, pays d'origine de Bally, vous pouvez faire quelques intéressantes découvertes. Bally n'est pas une chaussure chère, pas plus qu'une chaussure bon marché.

Bally fabrique des chaussures dans toute la gamme des prix. En choisissant une tactique de haut de gamme, Bally a développé une stratégie efficace pour conquérir le marché américain.

Le Gin Beefeater constitue une affaire plus étrange encore. En Grande-Bretagne, son pays d'origine, Beefeater est un produit bas de gamme. Aux Etats-Unis, cependant, il n'y avait plus de place dans l'esprit des consommateurs pour un gin bon marché.

Aussi, de ce côté-ci de l'Atlantique, Beefeater est devenu un gin cher. Et un gin cher à succès dont il est vendu environ douze millions de bouteilles par an.

Changer les esprits

La mentalité des gens est la chose la plus difficile au monde à faire changer. Cela suppose d'« oublier » un ensemble de perceptions et de se « souvenir » d'un autre.

Avez-vous déjà tenté d'oublier quelque chose ?

Quel a été le moment le plus désagréable de votre vie ? Est-ce que quelqu'un vous a jamais dit quelque chose qui vous a profondément blessé ?

Essayez maintenant d'oublier ce moment particulier. Vous ne pouvez pas. C'est l'essence même du problème du changement d'esprit.

De plus, tenter d'imposer un changement d'opinion a souvent l'effet opposé. Il tend à renforcer l'avis antérieur.

Quand Richard Nixon disait : « Je ne démissionnerai pas », le public pensait le contraire. (Tout individu qui répète quatre fois, comme le fit Nixon, qu'il ne démissionnera pas, démissionnera bien évidemment un jour.)

Si quelqu'un vous dit : « Je suis honnête », vous allez penser le contraire. (Il doit penser que je crois qu'il est malhonnête. Sinon, pourquoi protesterait-il de son honnêteté ?)

Nous appelons ce phénomène « l'implication du contraire ». Ce que vous dites implique l'opposé de ce que vous exprimez.

Si vous rentrez chez vous après un voyage d'affaires et que vous racontez à votre épouse que vous n'avez ni bu, ni dragué, que pensez-vous qu'elle s'imaginera ?

Comment les « grosses têtes » d'Exxon ont-elles essayé de convaincre les prospects qu'ils n'allaient pas supprimer leur gamme de bureautique ? Ils ont lancé une campagne publicitaire qui insistait sur leurs « engagements » vis-à-vis du marché.

« Rappelez-vous, disait le message, quand vous achetez un équipement Exxon, vous achetez notre engagement de vous accompagner dans votre futur. »

Ce que le lecteur pensait c'était : « Ils doivent penser que je crois qu'ils ne vont pas tarder à quitter le navire. » Et c'est ce qui est évidemment arrivé.

IBM ne lance pas de campagnes publicitaires pour annoncer son engagement en bureautique ; sinon ses clients commenceraient à s'inquiéter.

Vous devriez faire passer vos messages à la moulinette de l'implication. Retournez-les et voyez si c'est bien cela que vous entendez impliquer.

Dans la mesure où chacune de vos affirmations implique le contraire, les crier sur les toits ne sert pas à grand chose. Il est trop facile au lecteur ou au spectateur de renverser le message.

Quand le concessionnaire d'une marque automobile crie « Nos voitures partent comme des petits pains », le prospect se dit « Ils doivent penser que je crois qu'ils ne vendent pas beaucoup de voitures. »

Mais alors, si cela ne sert à rien de crier sur les toits quand on fait de la publicité ou du marketing, que peut-on faire ?

Trouver un angle d'attaque mental qui existe déjà dans la tête des autres. (Il peut même être négatif.) Voilà une tactique publicitaire à succès.

N'essayez pas de changer les esprits.

Chapitre 10

Changez de champ de bataille

Si vous n'êtes pas en train de gagner la bataille, changez de terrain. Cette maxime de l'art de la guerre vaut tout aussi bien en matière de marketing.

Dans les premiers temps de la Seconde Guerre mondiale, les affaires du Général D. MacArthur dans le Pacifique n'allaient pas fort.

Il avait successivement perdu Bataan, Corregidor et les Philippines. Il s'était fait couler huit unités navales importantes à Pearl Harbour. Guam et Wake Island avaient été prises par les Japonais et il avait à moitié perdu Midway. L'Australie avait même été un moment menacée.

Au lieu d'attaquer les Japonais de front, MacArthur a lancé ses forces dans une campagne de « sauts d'île en île » et il est ainsi parvenu à retourner la tendance.

Il fit la même chose pendant la guerre de Corée. Au lieu de faire front à Pusan, il a lancé une attaque latérale à Inchon et a rapidement repoussé les Nord-Coréens jusqu'en Chine. (Il est même possible qu'il en ait trop fait.)

Bien que souvent utilisé sur le terrain militaire, le changement de champ de bataille est une tactique que les capitaines d'industrie semblent répugner à appliquer.

Sur les champs de bataille commerciaux, les chefs semblent préférer « se faire tuer sur place » plutôt que de changer de position. Ils croient en une stratégie du « tout ce qu'il nous faut, c'est améliorer notre effort ».

De meilleurs produits, une meilleure publicité, une meilleure formation à la vente, de meilleurs prix, pour ne citer que quelques « améliorations » parmi les plus populaires.

Et les réunions destinées à introduire des améliorations consomment une quantité effarante de temps et d'énergie. Bien souvent cependant, la part de marché n'augmente pas et les affaires ne vont pas mieux.

Cessez de nier la réalité. Souvent, il vous faut reconnaître que la bataille que vous menez ne peut pas être gagnée et que la victoire va sourire à l'ennemi.

« Un général a plus besoin d'un regard pénétrant que d'adresse », a dit Clausewitz.

Même si la bataille conduit à un match nul, un général d'armée a horreur de se faire prendre dans une guerre de tranchées où les pertes continuent de s'accumuler et où les gains sont difficiles à comptabiliser. C'est pourquoi les militaires sont généralement adeptes de manœuvres rapides de manière à faire évoluer les affaires dans un sens plus favorable pour leur camp.

Sachez tourner la page

C'est juste le contraire qui se passe en affaires. Les directions continuent à envoyer des troupes à l'assaut de la même colline. Elles peuvent se plaindre de l'absence de progrès, mais elles admettent rarement la défaite.

Dans l'entreprise, une attitude du genre « je peux le faire » est hautement appréciée, alors que les « défaitistes » sont catalogués comme de mauvais équipiers et sont mal notés.

L'un de nous a vécu une expérience de cet ordre qui illustre bien cette attitude. A un moment donné de sa carrière, il participait au marketing des pneus Uniroyal.

Au cours d'une importante réunion de direction, il suggéra qu'il était improbable que l'entreprise puisse remporter la victoire dans une guerre du pneu menée contre Goodyear,

Firestone, Goodrich, Michelin et quelques autres du même tonneau.

Dans la mesure où Uniroyal perdait de l'argent sur le marché des particuliers, il est possible qu'un glissement de centrage vers le marché des poids lourds soit nécessaire car la vente des pneus y est plus rentable. Cette suggestion a été accueillie avec froideur, vaguement enregistrée. Le moment était au « on repart comme en 40 ».

(L'expérience a montré que pour Uniroyal, le glissement suggéré n'aurait pas été une mauvaise idée car les pertes sur la clientèle particulière n'ont cessé d'augmenter, et l'entreprise a fini par disparaître au cours d'une fusion.)

Ce qui rend les directions si réticentes à changer de terrain est simplement qu'il faille changer. Les gens n'acceptent pas facilement le changement.

Sans doute cette réticence vient-elle de l'intériorisation de ce vieux proverbe : « Un tiens vaut mieux que deux tu l'auras. » Malheureusement cette maxime n'a jamais pris en compte le fait qu'il existe là, à côté de vous, quelqu'un qui n'hésite pas, dès aujourd'hui, à saisir les fameux « deux » sous votre nez. Aussi, vous avez tout intérêt à aller à l'instant voir de plus près ces « deux » éventuels.

Mais tous les dirigeants ne sont pas aussi réticents face au changement. En fait, il apparaît au moins quatre types de changements tactiques qui conduisent au succès.

Changez de public

Par le passé, les marques de cigarettes étaient unisexes en ce qu'elles s'adressaient aussi bien aux femmes qu'aux hommes. C'est alors que Philip Morris a lancé Marlboro, une cigarette pour femmes.

Cigarette pour femmes, la Marlboro n'eut aucun succès. Mais plutôt que de perpétuer une guerre perdue, Philip Morris a eu recours au cow-boy et orienta ses efforts vers les hommes. Aujourd'hui, la Marlboro est la cigarette la plus vendue dans le monde entier.

Bien des années plus tard, Philip Morris tenta de nouveau de s'implanter sur le marché des femmes. La marque choisie s'appelait Virginia Slims et remporta rapidement un grand succès. Parfois, tout n'est qu'une question de moment.

Ce qui réussit avec les cigarettes réussit aussi bien avec les automobiles. Il fut un temps où Pontiac était la voiture classique des personnes plus âgées. Et Pontiac était en concurrence avec d'autres voitures d'aspect traditionnel comme DeSoto, Oldsmobile, Buick et Mercury.

Dans les années soixante, Pontiac était dirigée par John DeLorean. C'est lui qui est à l'origine de l'idée brillante de faire glisser la Pontiac du marché des personnes âgées à celui de la jeunesse. C'est ainsi que naquirent la GTO et la Le Mans, et que Pontiac a emprunté le chemin des voitures à sensations.

Aujourd'hui encore, Pontiac continue d'offrir des sensations aux jeunes acheteurs de voitures. Et pendant des années, Pontiac a été la division la plus profitable de GM.

Mais Pontiac n'attire pas que le public jeune. Le glissement a également touché des conducteurs plus mûrs qui veulent penser et agir comme les jeunes.

Ce qui réussit avec les voitures, réussit aussi bien avec les colas. Le glissement de Pepsi-Cola vers le marché des jeunes en saisissant le concept de Génération Pepsi est également un succès. En laissant les plus âgés se déterminer eux-mêmes, Pepsi a ébloui les autres grâce à Michael Jackson, Don Johnson et Lionel Ritchie.

La campagne de Pepsi-Cola était fondée sur l'observation que les jeunes veulent leur propre produit. Ils ne veulent pas le vôtre.

Si vous avez un adolescent à la maison, il vous est facile de le vérifier. La prochaine fois que celui-ci rapporte quelques disques, prenez-en un au hasard et dites : « Génial, j'adore cette musique. C'est mon groupe préféré. »

Plus jamais, ce disque ne sera écouté.

Bien sûr, il n'y a pas que les plus jeunes qui soient devenus consommateurs de Pepsi. L'idée de Génération Pepsi a attiré les jeunes de tous âges. Les cinquante-cinq ans qui se veulent quarante-cinq, boivent Pepsi.

C'est le succès de ce glissement qui a conduit Coca-Cola au nouveau Coca, un produit plus doux dont la firme d'Atlanta pensait qu'il deviendrait une épine dans les pieds de la Génération Pepsi. (Le seul résultat, c'est que la réputation de Coca-Cola a pris une épine dans le pied.)

Voilà un bon exemple des bénéfices secondaires que rapporte un changement de terrain tactique. Dans les deux cas, guerre et marketing, quand un changement de terrain est couronné de succès, la concurrence est obligée de réagir.

Parfois, la concurrence réagit mal et affaiblit ce qui était pourtant une position dominante. Et voilà à nouveau, des occasions à exploiter.

Opérer par analogie est un moyen de trouver une tactique; une tactique qui réussit dans un cas a des chances de réussir dans un autre.

Par exemple, le modèle Pepsi-Cola peut être appliqué au cas de Burger King.

Comme Pepsi, Burger King est le n° 2 sur son marché, derrière un monument. McDonald's est une puissante machine de marketing qui a verrouillé son marché affectivement. McDonald's occupe dans les esprits une position comparable à celle réservée habituellement aux institutions telles que la maternité, les matches de base-ball nocturnes et la tarte aux pommes.

Pendant un temps, Burger King cherchait à imiter son concurrent le plus important. Vous souvenez-vous du Burger King magique? La plupart des gens ont oublié ce royal challenger de Ronald McDonald's.

Au début des années quatre-vingts, Burger King a changé de champ de bataille. Au lieu de tenter de dépasser McDonald's, il a tenté de le couler avec une campagne intitulée « griller et non pas frire ».

« Griller et non pas frire » est une tactique efficace, elle ne constitue pas une stratégie conquérante. Elle n'a pas pu être amenée au niveau affectif que seule une grande stratégie peut atteindre. Elle exige d'être martelée.

Sous certains aspects, l'idée de la grillade ressemble au défi de Pepsi. Dans un cas comme dans l'autre, il s'agit de modifier des points tactiques.

Dans le cas de Pepsi, le goût plus doux attirait les 10-18 ans, le marché fondamental des colas. La Génération Pepsi est le développement stratégique et affectif de la tactique du « produit plus sucré ».

La même idée, mais inversée, pourrait convenir à Burger King. Quelle pourrait être, pour le gamin plus âgé qui boit du Coca-Cola, la démarche analogue dans la catégorie du hamburger ?

C'est le gamin plus jeune qui est fou de McDonald's. Allez sur le terrain et observez. Tous ces manèges, toboggans et Ronald McDonald's attirent la population des jardins d'enfants comme le miel attire les mouches.

Cette observation crée pour Burger King l'occasion d'un glissement. Mais au lieu de suivre l'approche de Pepsi et d'attirer les plus jeunes, la stratégie évidente que devrait développer Burgèr King est d'aller chercher les enfants plus âgés.

« Grandissez et vous serez prêts pour un Burger King » est le développement stratégique de la tactique de la grillade.

Pour transcender la tactique de la grillade en une stratégie de la « maturité », Burger King devra opérer quelques changements internes. D'abord se débarrasser des toboggans et des manèges qui encombrent encore certains de ses restaurants. Il faudra aussi laisser tomber les menus pour tout-petits.

Une méthode très puissante pour mettre en œuvre la stratégie de la « maturité » consiste à utiliser l'approche dite du « rite d'initiation ».

Dans le cas de Burger King, le rite d'initiation devrait se dérouler au moment où un enfant cesse d'être un tout-petit.

Par exemple, à son premier jour d'école élémentaire, le frais émoulu de l'école maternelle pourrait être abordé par des CM1 qui proposeraient de lui offrir un hamburger.

« Chez MacDo ? » demanderait le nouveau.

« Oh, fini le temps de la maternelle, » pourrait-il lui être répondu par un des aînés.

« MacDo, c'est fait pour les bébés » lui soufflerait un autre gosse. « Viens, on va s'en payer un chez Burger King. »

Mais une telle approche ne risque-t-elle pas d'entraîner une perte de clientèle ? Après tout, la restauration rapide s'adresse à un large éventail de consommateurs qui s'étend des enfants aux grandes personnes.

La cible n'est pas le marché

Certaines des victoires de marketing les plus spectaculaires ont été remportées en reconnaissant un fait simple : il n'est pas nécessaire que la cible tactique de votre campagne marketing soit identique à votre marché.

La campagne publicitaire pour les cigarettes Marlboro est un exemple évident de l'application de ce principe. Si vous arriviez de Mars par la dernière navette, vous pourriez avoir l'impression que les Etats-Unis sont peuplés de cow-boys. Ou que les cow-boys sont de sacrés fumeurs.

Bien que les spots publicitaires ne mettent en scène que des cow-boys, Marlboro est devenue la cigarette la plus fumée dans le monde, aussi bien par les femmes que par les hommes. La cible tactique n'est pas le marché stratégique.

Les clients éventuels ne prennent pas votre publicité à la lettre. Ils extraient plutôt de votre message les idées et les concepts qu'ils peuvent utiliser dans leur propre vie. Ces idées peuvent être en conflit direct avec le message « apparent » que véhicule votre publicité.

Fumer est un geste viril, aussi bien chez les femmes que chez les hommes. Les gens fument pour affirmer leur virilité.

Quel meilleur symbole de virilité que le cow-boy ? Ni douche, ni rasoir pendant des semaines représente bien un rêve paradisiaque de jeune homme.

(Encore que, quel que soit le point de vue de la majorité, il existe toujours de la place pour la tactique contraire. Comme en témoigne le succès de Virginia Slims.)

Les responsables de marketing qui admettent parfaitement la puissance du symbole quand il s'agit de tabac ou d'alcool la rejettent dès lors qu'il s'agit de leurs propres produits. Ceux-ci sont trop sérieux, disent-ils, pour une approche symbolique.

Faux. Très peu de produits devraient être ciblés sur l'ensemble du marché. La plupart des campagnes gagneraient à exploiter les retombées affectives d'un rétrécissement de la cible. C'est encore et toujours une affaire de ciblage.

La tactique de Pepsi dans la guerre du cola illustre tous les avantages offerts par un rétrécissement de la cible autour du cœur du marché opposé à une attaque sur l'ensemble du front.

La force du Coca tient dans son héritage. Seules sept personnes dans toute l'histoire du monde ont connu ou connaissent la formule du Coca-Cola, enfermée dans le coffre-fort de la Trust Company of Georgia.

Cet héritage, vieux d'un siècle, signifie également que plus vous êtes âgé, plus vous avez de chances de boire du Coca. Plus vous êtes jeune, plus vous avez de chances d'être un consommateur de Pepsi-Cola.

Le rétrécissement de la cible à une partie de marché permet à Pepsi d'exploiter la rivalité fraternelle. Si le plus âgé des frères boit du Coca, le plus jeune souhaitera boire autre chose.

La Génération Pepsi présente également l'avantage de s'adresser au cœur même du marché. Les 10-18 ans boivent plus de boissons gazeuses que tout autre groupe d'âge. En un certain sens, les colas sont un produit d'adolescents.

Et après tout cet effort, qui boit Pepsi-Cola ? Tout le monde ; toutes les tranches d'âge achètent d'importantes quantités de Pepsi.

Vous pouvez avoir lu dans la presse des informations sur « le retour de Coca-Cola ». Mais ce sont les chiffres qui exprıment la réalité. En fait, le rapport des ventes est de 10 à 9, en faveur de Coca-Cola.

Théoriquement, un leader doit battre son rival n° 1 par deux à un. Garder le contact à ce point est déjà, pour Pepsi, une magnifique victoire morale.

Les mêmes principes s'appliquent à Burger King. Une cible restreinte aux ados ne tuera pas pour autant le marché. Les hamburgers sont un produit d'ados... pour des enfants de tous âges. Burger King est un steak haché qui attire les ados sophistiqués... de tous les âges.

Il existe un grand nombre d'autres produits où la cible est conçue pour être très différente du marché.

Seventeen est un magazine dont le nom et la politique éditoriale ont pour cible spécifique les jeunes filles de 17 ans.

Mais qui lit *Seventeen*? Des filles qui ont 13, 14, 15 ou 16 ans, bien sûr. Quand une jeune fille atteint ses 17 ans, *Seventeen* n'entre généralement plus dans le domaine de ses intérêts.

Quel est le marché des cartes d'identité (aux Etats-Unis)? Les gens qui ont 18, 19 et 20 ans. Dès que quelqu'un atteint sa majorité (qui est toujours fixée à 21 ans aux Etats-Unis), il n'a plus besoin de carte d'identité.

La Virginia Slims est une cigarette qui a pour cible la femme indépendante et libérée. Tous les spots publicitaires mettent en scène une jeune femme de 25 ans, à la mode. Mais le marché est celui des femmes d'âge moyen qui aspirent à ce style de vie. La « fumeuse » typique de Virginia Slims a en moyenne 45 ans.

La Corvette est une voiture fort cotée par les ados et son marché est celui des vieux messieurs argentés. (Même si un adolescent en gagnait une, il ne pourrait pas s'offrir l'assurance nécessaire.)

Le shampooing Johnson pour bébés possède une bonne part du marché des adultes. Croyez-vous qu'il serait préférable de le baptiser : « Le shampooing Johnson pour tout le monde » ?

Non, bien sûr. Les adultes l'utilisent parce que c'est un shampooing pour bébés. Et pourtant, de nombreux responsables de marketing restent sourds à ce message parce qu'ils tiennent absolument à attirer tout le monde.

Et qui souhaite acheter un produit que tout le monde achète ?

Personne !

Changez de produit

Vous devez parfois faire face à un produit qui, dans sa catégorie, n'est pas le bon.

Par exemple, dans la guerre des ondes, si vous êtes la troisième radio de « soft rock » sur un marché donné, vous êtes coincé dans votre tranchée sans avoir beaucoup de choix. Vos meilleurs chances résident probablement dans la recherche d'une nouvelle cible où la concurrence est moins vive. Cela fait, vous trouvez un nouveau nom et vous changez de champ de bataille avec un nouveau produit.

C'est ce qui vient de se passer récemment à New York. La station de « soft rock », WYNY-FM, filiale de la NBC, a bâti sa réputation, au début des années quatre-vingts, sur un type de musique qui convenait aux adultes. Sa part de marché s'est étendue jusqu'à ce qu'elle atteigne la seconde position sur le marché à forte concurrence de New York. Les profits étaient de 6 millions de dollars par an.

Mais c'est alors que l'ennemi a frappé. Une station des top 40, Z-100, a piraté la partie jeune de l'audience de WYNY, la partie plus âgée émigra vers WLTW-FM, une station de « musique légère ».

Par malheur, WYNY s'est obstinée un peu trop longtemps. Très rapidement, ses pertes ont atteint 2,5 millions de dollars par an.

Tout récemment, WYNY a changé de terrain. Elle est passée du « soft rock » à la « country music » dans la mesure où il n'y avait, à l'époque, personne sur ce créneau à New York. Sans tarder, sa part de marché a regagné un point. Il semble que sa situation soit en train de s'améliorer pour de bon.

L'industrie cinématographique, où règne une formidable concurrence, a été le théâtre d'un autre « changement de produit » réussi.

Les productions Walt Disney sont les rois du film « pour tous publics ». Malheureusement, en ce monde aux idées larges et libéré sexuellement, personne ne se risque plus à assister à la projection d'un film de ce type. L'argent va là où l'on projette des films au moins pour adultes, si ce n'est des films X.

Aussi les Studios Walt Disney s'aventurèrent dans l'univers du film pour adultes avec des productions baptisées « Les films de Disney », même si ceux-ci étaient bien loin d'être du style des Mickey Mouse.

Ce fut un échec total.

Et les studios découvrirent bien vite que leur nom, Disney, faisait fuir les adolescents et les adultes qui cherchaient quelque chose de plus « chaud » que ce que Tonton Walt était réputé offrir.

C'est alors que Ronald L. Miller, le gendre de Walt Disney, intervint avec une stratégie de « changement de produit ». Et il créa une société de production de films pour adultes, Les Films Touchstone.

Grâce à des films comme *Les hauts et les bas d'Hollywood, Trois hommes et un couffin* et *Roger Rabbit*, Touchstone est devenu un producteur de films à succès.

L'entreprise est aujourd'hui constituée de deux sociétés puissantes : l'une, qui porte le nom de Disney, produit des films destinés à un public familial, l'autre au nom de Touchstone, ceux destinés à un public d'adultes.

Et jusqu'ici, tout se passe bien pour tout le monde.

Changez d'impact

Pour atteindre le succès, il vous faut régulièrement « serrer les boulons ». En d'autres termes, vous devez recentrer vos efforts en sacrifiant certaines branches de votre activité.

Changer d'impact, cela signifie passer de l'état de généraliste à celui de spécialiste. Si tout va bien, vous finirez encore plus gros qu'avant. En marketing, le changement d'impact pourrait également être appelé la méthode du « moins embrasser pour mieux étreindre ».

Il y a très longtemps et dans un très lointain pays, un petit détaillant régional en mobilier domestique avait des problèmes. Love Furniture Store, car c'était son nom (non, vous avez perdu, il ne vendait pas des matelas à eau), commercialisait une gamme complète de meubles, chaises, sofas, dessertes, tables à jouer, etc., à prix moyens.

Mais le monde du mobilier était en évolution. Les grands fournisseurs à prix réduits comme Levitz étaient en train d'investir le marché. Et l'entreprise Love Furniture Store savait bien qu'elle aurait du mal à vaincre des concurrents de cette taille.

Aussi Love décida-t-elle de réduire son impact. Mais que pouvait-elle bien sacrifier ?

Son propriétaire décida d'abandonner tous les meubles de rangements, commodes, bahuts, etc. (Tous ces produits ont une très mauvaise réputation en ce qui concerne leurs délais de livraison.)

Il se concentra sur les chaises et tous les meubles tapissés. Débarrassée des meubles de rangement, Love pouvait assurer des délais de livraison plus courts.

Mais une cible réduite ne peut pas être atteinte sans une raison sociale percutante et la réponse évidente à ce problème a été : « Sofas and Chairs ».

La société baptisa ainsi un magasin et enregistra le plus grand succès qu'elle ait jamais eu.

Sur une échelle plus vaste, ce genre de changement d'impact a été illustré par l'histoire de la chaîne de grands magasins Interstate. (Vous reconnaîtrez la société en question sous son nouveau nom : Toys « Я » Us.)

Et oui. Il était une fois... ce détaillant, dont la réussite est aujourd'hui immense, qui luttait dans la bataille des prix agitant alors le monde des grands distributeurs. Interstate était coincé entre d'autres chaînes comme Topps, toutes en train de couler.

Puis Interstate acheta Toys « Я » Us alors dans un état embryonnaire, déposa son bilan et en émergea sous la forme d'un détaillant complètement consacré au jouet.

Le reste est connu.

Connu à quel point? Eh bien, la chaîne Toys « Я » Us possède aujourd'hui 350 magasins qui contrôlent 20 % du marché du jouet qui représente annuellement 13 milliards de dollars. Dans ce cas, étreindre moins a conduit à embrasser beaucoup plus.

Changez la distribution

Un changement de terrain intéressant peut être induit par l'insuffisance logistique de votre réseau traditionnel de distribution. En d'autres termes, vous essayez d'accroître vos ventes en vous adjoignant un nouveau canal de distribution.

Le commerce des collants de femme illustre l'exemple réussi d'un changement tactique de distribution.

Pendant des années, Hanes a été l'acteur le plus important dans la distribution de collants dans les grands magasins. Mais à mesure que le marché s'est élargi, l'entreprise s'est trouvée en concurrence avec des marques meilleur marché ou avec les marques génériques des grands magasins.

Que faire ? Fallait-il baisser le prix des collants Hanes et perdre ainsi leur image de qualité supérieure ? Ou bien lancer une nouvelle marque bon marché ?

Ni l'un, ni l'autre peut-être. Percevant la difficulté de remporter la guerre des prix, Hanes a opéré un changement de distribution.

Hanes a ainsi ouvert un second front en choisissant le canal des magasins d'alimentation, où jamais jusque-là n'avait été vendue la moindre paire de collants. Détail tout aussi important, Hanes baptisa le nouveau collant d'un nom qui sonnait comme s'il avait toujours appartenu à l'univers des épiceries.

Le nom du produit nouveau était L'eggs (jeu de mot euphonique intraduisible sur l'œuf et les jambes). Hanes livrait et stockait L'eggs exactement de la même manière que de vrais œufs sont livrés et stockés.

Ce changement classique de canal de distribution a conduit à la création d'une grande marque de collants à succès.

En passant à la caisse des magasins d'alimentation, vous pouvez rencontrer une autre réussite du même ordre. En effet, vous ne pouvez payer vos achats sans passer devant le *National Enquirer* et ses nombreux suppléments.

Célèbre pour ses titres accrocheurs, ce journal a changé son canal de distribution en passant des kiosques à journaux aux magasins d'alimentation. Ses titres n'auraient pas été aussi apparents s'ils avaient été noyés dans un océan d'autres journaux et magazines.

Vous pouvez remarquer le même type de changement tactique dans le domaine des fournitures de bureau. Un certain nombre de fournisseurs à prix réduits comme Quill et Reliable vendent ces produits par correspondance sur le marché des petites entreprises et des bureaux à domicile au lieu de passer par des détaillants.

La part de marché de la vente directe représente plus de 10 % de l'industrie de la fourniture de bureau et ne cesse de croître.

Il existe de multiples manières de changer de réseau de distribution. Leur nombre n'est limité que par la puissance de votre imagination et votre désir d'aller en rechercher l'idée sur le marché plutôt qu'à l'intérieur de votre entreprise.

Chapitre 11

Changement de champ de bataille à la GM

Afin de mieux comprendre la méthodologie qui est derrière la tactique du « changement de terrain », il est intéressant d'en appliquer les principes à une affaire actuellement en cours.

En d'autres termes, endossons notre uniforme de général et essayons d'imaginer quel genre de changement devrait être envisagé dans le courant d'une bataille en instance d'être perdue. Prenons l'exemple de la General Motors en train de combattre BMW, Mercedes et autres importateurs de haut de gamme.

General Motors n'a jamais remporté beaucoup de succès sur ce segment de marché. En fait, celui-ci a même le plus souvent embarrassé la firme. L'exemple le plus récent en est l'Allanté, que les revues automobiles ont appelé le « bide de l'année ».

Mais l'Allanté n'a pas été la première tentative de GM sur le marché haut de gamme.

Et, en avant avec la Séville

La première réaction de GM a été d'envoyer au combat Cadillac, sa division de choc afin de mettre en pièces ces envahissants Germains. Il est clair que cette décision a été téléguidée par les concessionnaires Cadillac dont un certain nombre de vieux clients se dirigeaient vers Mercedes.

Dans la mesure où les modèles de luxe allemands sont plus petits qu'une Cadillac, GM lança un nouveau modèle plus petit, baptisé Séville. Au départ, la Séville n'a pas fait beaucoup de dégâts chez l'ennemi.

La raison en était simple. Qui a jamais entendu parler d'une petite Cadillac ? La Séville n'est devenue un succès qu'à partir du moment où elle a atteint la taille d'une Cadillac. Mais au lieu d'enlever des ventes à BMW ou à Mercedes, la Séville enleva des clients aux Fleetwoods, Broughams et autres modèles de Cadillac.

Et, en avant avec la Cimarron

Une fois la Séville devenue une grosse voiture, GM envoya au feu une autre nouvelle petite voiture : la Cadillac Cimarron, qui devait faire un malheur. Ce fut un autre bide.

Après une rencontre avec vingt concessionnaires de Cadillac, Ross Perot remarqua, selon le magazine *Fortune* : « Il ne faut pas qu'une Cadillac ressemble à une Chevrolet, sinon elle est plutôt difficile à vendre. » Il n'y avait plus qu'à retourner à la planche à dessin.

Et, en avant avec l'Allanté

Toujours optimiste, GM se lança dans la conception d'une autre petite Cadillac. Mais, dans la mesure où le prix des grosses Mercedes et BMW se situaient au-dessus de 50 000 dollars et plus, GM décida de faire mieux encore.

Tout le monde fut expédié en Italie et c'est là-bas que naquit la Cadillac Allanté. Elle devait faire l'affaire. C'était un modèle petit et conçu par des Européens, et elle coûtait 56 000 dollars. Que pouvait vouloir de plus un client de Mercedes ? C'était là, l'arme ultime dans la guerre des automobiles.

Jusqu'à présent, l'Allanté semble être un pétard aussi mouillé que la Cimarron. Et, à moins que les ventes n'augmentent, elle ne va pas faire long feu dans la gamme de GM sans pour autant faire la moindre égratignure à Mercedes, BMW et Jaguar.

Garder les pieds sur terre

Que faire ? Et bien, commencer par reconnaître que la division Cadillac ne gagnera pas la guerre menée contre les modèles de luxe importés. (Nous appelons cela, « assumer la réalité ».)

L'image de la Cadillac dans l'esprit des acheteurs de voiture est une image solide. La Cadillac est une grosse voiture, modérément chère et sans grand prestige dans cet univers des BMW à 70 000 dollars. Si j'achète une Allanté à 56 000 dollars, je n'ai pas envie que mes voisins s'imaginent que je possède une boîte en tôle de 25 000 dollars.

Il faudrait envoyer la division Cadillac se battre contre Lincoln et Mercury. Cette division de Ford a remporté quelques profits aux dépens de Cadillac. Alors que Cadillac construisait des voitures plus petites, moins typées et plus ressemblantes à des Mercedes, les acheteurs se sont tournés vers les grosses Lincoln Town.

Et si on relançait la LaSalle ?

Si nous étions aux commandes, nous développerions une tactique de « changement de champ de bataille ». En d'autres termes, ce dont nous avons besoin c'est d'un nouveau modèle de GM dans le segment de marché du superluxe. Et il se trouve que GM possède déjà un nom de modèle parfaitement adapté.

Nous encouragerions GM à relancer une LaSalle. (Pour les plus jeunes lecteurs, rappelons que la LaSalle a été l'un des classiques des années vingt et trente. Bien que membre de la famille Cadillac, elle a toujours été traitée comme un modèle à part.)

L'ironie de ce retour de la LaSalle afin de concurrencer les voitures européennes tient en ce qu'elle a été originalement conçue pour avoir l'« air européen ». Elle avait été copiée sur l'Hispano-Suiza française, une de ces voitures dont seuls les historiens ont gardé le souvenir.

Evidemment, la version actuelle devrait être plus petite et très chère comme les berlines européennes. Plus important encore, elle devrait être commercialisée par une nouvelle chaîne de concessionnaires spécialisée dans la vente de la LaSalle. Pas des concessionnaires Cadillac. (Comme les Acura qui ont été vendues par des concessionnaires Acura et non pas par des concessionnaires Honda.)

Alors que cette tactique de changement de champ de bataille aurait certainement été plus facile à développer il y a quelques années, elle constitue encore aujourd'hui la seule démarche que la GM doit entreprendre si elle souhaite conquérir une part plus vaste du segment du marché des véhicules de luxe.

Et aux prix pratiqués, qui n'en voudrait pas une part plus importante ?

Chapitre 12

Testez votre stratégie

Pour gagner une guerre de marketing, vous devez gagner la bataille au niveau tactique. Vous devez remporter la victoire dans l'esprit du prospect.

Si l'esprit est le champ de bataille, il n'est pas surprenant que la publicité soit l'arme tactique essentielle de la guerre de marketing.

Tout comme un obus, une publicité, un spot publicitaire ont la propriété de toucher un large segment du marché. Avec la publicité, vous pouvez littéralement créer sur le champ de nouveaux consommateurs, dans la mesure bien évidemment où vous frappez bien au centre de votre cible.

C'est une chose que la plupart des entreprises savent bien. C'est pourquoi, d'ailleurs, le volume de la publicité atteint des valeurs astronomiques. Mais à mesure que le volume croît, l'efficacité relative décroît. Dans notre société, le consommateur, noyé sous un déluge d'informations, se rétracte dans son terrier mental et il devient de plus en plus difficile de marquer des points.

Testez votre publicité

Son efficacité diminuant à mesure que son volume augmente, la publicité est devenue l'objet d'intenses recherches. Les entreprises veulent savoir à l'avance si la campagne qui leur est proposée apportera des résultats positifs. C'est pourquoi, la recherche en publicité atteint des proportions astronomiques.

Mais cette recherche comprend de sérieuses limites. Quand Doyle Dane Bernbach a testé la première série des messages « Avis n'est que le n° 2 », les résultats ont été catastrophiques.

Les habitués de la location de voitures ont rejeté les bouts d'essai, ils n'ont pas plu aux clients, Bill Bernbach n'en voulait pas.

Mais Robert Townsend, le nouveau PDG d'Avis, avait promis à sa nouvelle agence qu'il accepterait ces publicités à l'unique condition que Doyle Dane en soit responsable.

Ce qui fut fait; les pubs furent lancées et remportèrent instantanément un grand succès. Aujourd'hui encore, tout le monde se souvient du slogan : « Avis n'est que le n° 2 des loueurs de voitures. Alors pourquoi venir chez nous ? Parce que nous faisons plus d'efforts. »

La part de marché détenue par Hertz passa du jour au lendemain à 50 %, soit une chute de 6 points, tous gagnés par Avis. Soit un glissement quasiment instantané de 12 %. En outre, Avis fit à nouveau des bénéfices après 13 longues années dans le rouge.

Il est impossible de tester une publicité particulière ou une tactique de marketing. Comme dans le cas d'Avis, les résultats d'un test publicitaire ne sont pas très significatifs car les conditions de l'essai sont toujours artificielles.

Le seul test qui reproduise les conditions réelles est celui où le prospect est soumis à tout le poids de la stratégie.

Dans l'exemple relatif à Avis, il aurait fallu trouver un moyen de confronter le client éventuel à ce que la presse allait dire de la publicité en question, à la réaction (ou à l'absence de réaction) de Hertz, et enfin, peut-être le plus important, aux sourires et aux badges « Nous faisons plus d'efforts » du personnel d'Avis.

Impossible à réaliser si la campagne n'est pas menée à grande échelle. Aussi, la meilleure façon d'opérer est d'essayer de présenter au prospect une image complète de ce qui va se passer.

Ne présentez jamais à des prospects une publicité en leur demandant ce qu'ils en pensent. Ils se prendront à l'instant même pour des experts en publicité.

Ces « prospects, nouveaux experts en publicité » vous feront immédiatement part de leurs avis en matière de mise en page, de typographie, de photographie et de titres. En plus, ils seront parfaitement sûrs d'eux-mêmes. Ils sont, en effet, persuadés qu'ils savent mieux que quiconque ce qui les incitera à acheter et ce qui les retiendra.

Observez. La plupart des campagnes publicitaires qui sont lancées ont été testées. Et elles ne sont lancées que si les résultats des tests ont été particulièrement satisfaisants.

Et pourtant, la plupart de ces campagnes sont inefficaces. Cela doit être vrai mathématiquement. Sur un marché donné, quatre ou cinq marques lanceront des campagnes de marketing destinées à améliorer leurs parts de marché. En moyenne, personne n'augmentera sa part de marché qui au total demeurera égale à 100 %. (Dans sa forme la plus pure, le marketing, comme la guerre, est un jeu à somme nulle.)

Si une marque augmente sa part de marché, ce ne peut être qu'au détriment d'une autre. (L'augmentation de la part de marché d'Avis est venue de la diminution de celle de Hertz.)

Dans ces conditions, étant donnés les obstacles mentaux et mathématiques, vous devriez être très réservé vis-à-vis de tous les tests de consommateurs.

Le paradoxe réside en ce que plus la campagne proposée est nouvelle et originale, plus elle a de chances de réussir et moins son test a de chances d'être bon. (Imaginez, par exemple, un test de marché concernant la première toile de Jackson Pollock ou le premier disque de Bruce Springsteen.)

Etudiez votre client éventuel

Malgré nos conseils et avant que vous ne vous lanciez dans une dépense de plusieurs millions, vous souhaiterez quand même étudier vos prospects. Voici, donc, quelques suggestions relatives à ce qu'il est souhaitable de chercher à apprendre.

Négligez tous les chiffres qui seront donnés dans le rapport de recherche. Ils ne représentent que des réponses artificielles à des questions artificielles posées dans une atmosphère artificielle.

Question : Dépenseriez-vous 1 000 FF pour 25 centimètres cubes d'un parfum appelé Obsession ? (Traduction : êtes-vous stupide ?)

Réponse : Non. (Traduction : je ne suis pas stupide.)

Bien évidemment, Obsession est un grand succès dans la guerre des parfums.

Puis vient la pression constante de l'extension de gamme. Ce qui maintient l'extension de gamme si vivace dans les cœurs et les esprits de l'Amérique des groupes industriels est qu'elle donne toujours des tests aux résultats excellents.

Regardez-vous dans une glace sans tain et répondez à la question : « De ces deux pop-corn, lequel achèteriez-vous ? Le Pillsbury pour four à micro-ondes ou le Pop secret pour four à micro-ondes ? »

Avant que ne soit lancé le Pop secret, vous n'en aviez jamais entendu parler aussi vous allez répondre « Pillsbury ».

Mais le pop-corn Pillsbury est mort dans son four à micro-ondes tandis que le Pop secret représente une grande réussite, juste derrière Orville.

C'est la confusion qu'elle entraîne sur le marché qui tue l'extension de gamme. (Pillsbury signifie levure et non pas pop-corn.) L'extension de gamme ne pose pas de problèmes aux professionnels du marketing dans la mesure où ils n'imaginent pas que le client éventuel puisse confondre pop-corn et levure.

Choisissez la bonne tactique

Où réside le secret qui permet d'évaluer une étude de marché de quelque sorte qu'elle soit ?

Il faut d'abord que vous vous assuriez que votre tactique est « intéressante ». Il vaut mieux être intéressant que haï, apprécié qu'ennuyeux.

Pillsbury est un nom de marque de pop-corn sans intérêt et inapproprié. Pop Secret suggère, au moins, qu'il pourrait exister un secret de quelque nature relatif à la composition ou à l'emballage. « C'est intéressant. »

La signification du mot « intéressant » est, dans ce contexte, semblable à celle de « nouveau ». Pour être intéressant, un concept doit être « différent ». « Un homme mord un chien », par exemple.

Que se passe-t-il quand des gens sont confrontés à un concept qui est différent ? Ils le trouvent intéressant mais ils le rejettent. C'est tout à fait inhérent à la nature humaine que d'être à la fois fasciné par ce qui est différent et de s'empresser de le rejeter.

Les agences de publicité sont parfaitement conscientes de la nécessité d'être intéressant pour franchir la barrière médiatique. Malheureusement, elles résolvent souvent les problèmes de création en mettant l'accent sur les éléments non pertinents plutôt que sur le concept tactique lui-même.

Normalement, elles ne peuvent toucher à la stratégie dans la mesure où celle-ci a été dictée par le client dans le mode typique de la pensée traditionnelle « de haut en bas ».

C'est pourquoi vous pouvez voir parmi les spots télévisés des absurdités telles que Joe Isuzu. Champion du monde des menteurs, Joe a mené son Isuzu au sommet de l'Everest. Son secret ? Il utilise des pneus neige.

Les consommateurs s'arrêtent-ils sur de tels non-sens ? Bien sûr ! Ils se souviennent de l'invraisemblance et oublient la signification.

Quand quelqu'un commence par : « Hier soir à la télé, j'ai vu une pub terrible », vous savez déjà ce qui va suivre. Généralement, cela continue par : « Je ne me souviens plus du nom du produit, mais voici le scénario. »

Rien d'étonnant à ce que les téléspectateurs se souviennent de Joe le menteur mais oublient pourquoi ils devraient acheter l'une de ses voitures. Malgré un investissement annuel de près de 30 millions de dollars dans sa publicité, Isuzu vend moins de 40 000 voitures par an aux Etats-Unis.

Comparez ce résultat à celui de Honda et de Toyota qui en vendent annuellement plus de 600 000 sur le même marché.

Hyundai en vend plus de 250 000 dans les mêmes conditions.

Même Audi et Yugo font mieux que Isuzu.

Quelle a été, ces dernières années, la campagne publicitaire la plus admirée, le plus primée et la plus respectée ? Celle de Isuzu ! Et ce n'est pas une blague.

Comment rendez-vous les choses intéressantes ? Ce type de réflexion est bien évidemment caractéristique d'une pensée traditionnelle. En mode participatif, vous n'essayez même pas de rendre votre stratégie intéressante.

Vous commencez par choisir une tactique intéressante.

« *Deux pizzas pour le prix d'une.* » Voilà quelque chose d'intéressant.

« *Quand il est absolument impératif que cela soit livré dans la nuit.* » Voilà quelque chose d'intéressant.

« *Pousse, gamin et tu atteindras l'âge des grillades.* » Voilà quelque chose d'intéressant.

Il est évident que l'intérêt doit être lié au produit ou au service. Et, puisque la publicité est la reine des guerres de marketing, il faut que l'idée soit une idée publicitaire intéressante.

C'est pourquoi la tactique publicitaire doit dicter la stratégie commerciale.

Surveillez votre force de vente

Il devrait être facile de vendre une bonne idée à la force de vente. Non ?

Faux. Une bonne idée est très difficile à vendre à la force de vente. Les vendeurs sont trop proches de la situation. Ils en savent trop. Ils sont aussi experts que les clients éventuels.

Une idée tactique suffisamment simple pour pénétrer l'esprit du prospect, à travers l'épais brouillard dans lequel il est enveloppé, est trop simple pour la force de vente.

Faut-il court-circuiter la force de vente et vous concentrer sur le client éventuel ? Ce serait à vos risques et périls.

Si votre force de vente n'est pas enthousiasmée par vos propositions, aussi brillantes soient-elles, rien ne fonctionnera.

Aussi, la présentation de votre programme à vos commerciaux consiste à le leur vendre, non pas à solliciter leurs opinions et avis. Si vous n'y parvenez pas, vous êtes mal parti.

Mettez-y le paquet, ne ménagez ni vos efforts, ni votre enthousiasme. Les commerciaux apprécient beaucoup une bonne présentation de projet.

Si vous arrivez à leur vendre vos propositions, ils les vendront à leur tour au détaillant ou au client final. Mais c'est là un véritable défi.

Surveillez la presse

Il est difficile d'atteindre téléphoniquement le célèbre présentateur télé Dan Rather pour lui demander si la stratégie qui gouverne votre nouveau programme de marketing lui plaît.

Vous devez opérer par la bande. La question essentielle que vous devez vous poser est la suivante : « Le concept que je tiens est-il porteur de valeurs nouvelles ? »

Il est possible qu'il ne soit jamais mentionné au bulletin radio de 7 heures ou qu'il paraisse même en dernière page de votre hebdomadaire. Peu importe, le concept qui marche prend l'aspect d'une « information ».

Quand Pepsi-Cola a lancé Slice, la première boisson gazeuse à 10 % de jus de fruit, cette opération a constitué une information de dimension nationale.

Quand IBM a lancé une campagne de publicité où la compagnie était présentée comme étant la « plus importante », personne n'a parlé de l'opération.

La plus importante ? IBM est une compagnie de 54 milliards de dollars. Big Blue est déjà plus grand que tous ses concurrents pris ensemble. Quelle est la valeur, en tant qu'information, d'une telle affirmation ?

Quand Avis a lancé son concept « Nous sommes les seconds », l'entreprise a suscité dans la presse la publication d'un grand nombre d'anecdotes. Même le vice-président des Etats-Unis a plaisanté sur la nécessité de faire des efforts car « je ne suis que le n° 2 ».

Surveillez vos concurrents

Il est probablement plus facile de susciter une réaction des présentateurs télé Dan Rather et Tom Brokaw que d'amener vos concurrents à évaluer votre programme par avance.

Dans le meilleur des mondes, vous pourriez présenter votre programme à chacun de vos concurrents les plus importants. S'ils vous répondaient tous qu'ils le trouvent « mauvais », vous pourriez être sûr que vous tenez un succès potentiel.

C'est là un scénario hautement improbable. Il existe, cependant, un moyen de parvenir à peu près au même résultat. Ce moyen, c'est le contrôle logique.

Pour contrôler la logique de vos propositions, vous en renversez l'énoncé et examinez si le résultat obtenu convient à votre concurrent principal.

Avis n'est que le n° 2 de la location de voitures, aussi il faut que nous fassions plus d'efforts. Quel est l'inverse de cette proposition ?

Hertz est le n° 1 de la location de voitures, aussi pouvons-nous dormir sur nos deux oreilles. Nous n'avons pas à faire d'efforts. Voilà qui est bon du point de vue d'Avis. Une telle proposition va faire glisser une partie de la clientèle d'Hertz vers Avis. Si un client éventuel imagine que l'employé derrière un comptoir de Hertz pense ainsi, il est fort probable qu'il changera de fournisseur.

Quelque chose de particulier dans les airs est le slogan d'American Airlines, la deuxième compagnie aérienne des Etats-Unis. Renversons la proposition.

Rien de particulier dans les airs. La compagnie United n'a-t-elle rien de particulier ? United est la compagnie aérienne qui fait une publicité tous azimuts pour faire savoir qu'elle dessert Hawaï, entre autres lieux tout aussi notables.

Rien d'étonnant à ce que *quelque chose de particulier dans les airs* n'ait en rien fait décoller American. Saviez-vous même que c'était le slogan d'American ? Fort probablement non. Il ne correspond pas à la situation d'American vis-à-vis de ses concurrents.

Contrôlez votre ligne de produits

Un des aspects les plus dangereux de la stratégie « bille en tête » est l'idée qu'une extension de gamme peut mener une existence autonome.

Les organisations traditionnelles vont se saisir d'une marque résultant d'une extension de gamme et la développer dans un département marketing séparé, au moyen d'une force de vente distincte et avec un budget publicitaire exclusif.

C'est le cas du Coca Light, ce produit bénéficiant en outre de sa propre agence de publicité. Mais quand le consommateur de boissons non alcoolisées regarde un Coca Light, il pense : « Un Coca ordinaire sans calories. »

Le seul résultat de cette séparation au niveau du marketing est de plonger les braves consommateurs dans la confusion en leur faisant croire qu'il y a deux marques là où il n'y a que deux goûts différents.

Testez tout ce qui porte le même nom parce que, dans l'esprit du client éventuel, tout ce qui porte le même nom est lié.

Le succès du Coca Light a été obtenu aux dépens du Coca traditionnel. Ce fait est peut-être difficile à constater parce qu'il y a eu une explosion générale des ventes de boissons non alcoolisées. (Dans la mesure où l'édulcorant de synthèse NutraSweet est meilleur marché que le fructose, Coca-Cola n'a pas à s'inquiéter de savoir lequel des deux produits est acheté.)

Miller High Life, Miller Lite et Miller Genuine Draft sont trois variantes de la même marque de bière. Quand l'une des trois décolle, les deux autres plongent.

C'est la même chose dans le cas de Coors Light. Sa consommation augmente quand celle de la variante classique diminue, ce qui illustre encore le concept de connexion.

La dernière marque de bière à plonger dans la mêlée des « légères » a été Budweiser. Son fabricant, Anheuser-Busch, tente de faire de la Bud Light la bière n° 1 des yuppies. La publicité avec le chien Spuds MacKenzie et les trois magnifiques pom-pom girls gagne avec la Bud Light tout ce que Budweiser perd.

Est-ce que par hasard Anheuser-Busch s'imagine vraiment que l'américain moyen ne surveille pas tous ces avatars ? Il n'en manque pourtant pas un. Tôt ou tard, Budweiser prendra le même chemin que Miller et Coors.

Quand deux marques portent le même nom, elles sont liées dans l'esprit du consommateur. Vous devez les surveiller toutes les deux.

Il est possible que le chien Spuds MacKenzie soit le tremplin de choc pour la Bud Light. Mais la question est de savoir quelle sera son influence à plus long terme sur le nom de Budweiser ?

Si les « jeunes loups » aux BMW boivent de la Bud Light, est-ce que les « durs à cuire » adeptes de la Ford Bronco continueront à consommer de la Budweiser ?

Chapitre 13

Vendez votre stratégie

Le moment est maintenant venu de réunir tout ce que vous avez appris en testant votre stratégie et d'en faire une synthèse que vous allez vendre à l'intérieur de votre entreprise.

Il sera probablement nécessaire que vous fassiez tout le chemin qui mène au PDG. Mais, il est bien possible que, chemin faisant, vos idées retiennent bien plus l'attention que vous auriez pu croire.

A présent que la Bourse bat de l'aile, le management devrait être prêt à revenir aux problèmes fondamentaux.

Jusqu'au lundi noir, la plupart des entreprises gagnaient plus d'argent en achctant et en vendant des actions ou d'autres entreprises qu'en vendant leurs produits. Ce temps là est terminé.

Au lieu de promouvoir les actions de la société, la direction devrait commencer à penser à promouvoir les produits qu'elle fabrique.

Après tout, peut-être que ce qui est mauvais pour le marché est bon pour le marketing. Peut-être aussi que les directions d'entreprises ont à présent le temps de prêter attention à ce concept génial qui va permettre de rayer le concurrent de la carte.

Supposons que vous avez trouvé l'angle d'attaque parfait; la seule, l'unique tactique bien ciblée que vous avez méticuleusement transcendée en une puissante stratégie.

Et vous voilà, à présent, dans la salle du conseil d'administration en train d'en faire la présentation au plus haut niveau. Votre problème majeur n'est pas d'en obtenir un oui ou un non mais de ne pas les faire bâiller.

Le stagiaire et le vétéran

Un jeune stagiaire de la General Electric tentait un jour de vendre une campagne marketing au vétéran responsable du service des petits moteurs électriques. Le stagiaire avait résumé tous ses arguments en un tableau et les énumérait bravement. Alors que la présentation touchait à sa fin, le jeune homme remarqua que le responsable du marketing avait décroché et regardait par la fenêtre. Et le jeune homme s'énerva.

Le vétéran, remarquant la nervosité du stagiaire, se tourna vers lui et dit : « Laisse tomber ce tableau gamin, je vais te parler un peu de la manière dont les choses se passent, ici, à la General Electric. »

« Ecoute un peu, nous sommes en train de parler de moteurs GE. Le problème n'est pas un problème de marché. Le problème est interne. Montre moi un tableau qui permette de faire agir dans le même sens toute la bande de bons à rien qui peuplent cet immeuble et nous pourrons réaliser n'importe quoi à l'extérieur. »

Ce n'était pas exactement de la pensée participative, mais le vieux n'avait pas tort. Ce n'est pas suffisant de trouver la brillante tactique que vous allez transcender en une puissante stratégie, encore faut-il intéresser votre société si vous voulez que votre programme soit une réussite.

Il faut que vous fassiez partager à tous votre enthousiasme et que vous passionniez tout le monde. Il faut que tous les bons à rien de l'immeuble travaillent dans le même sens.

Restez simple

N'essayez pas de vendre vos propositions de manière « logique ». L'invention de la feuille comptable est l'une des pires choses qui soit arrivée aux commerciaux. Lotus 1-2-3 est responsable de plus de présentations ennuyeuses que n'importe quel autre progrès depuis l'invention du rétroprojecteur.

Agissez comme un vendeur de voitures. Surtout, n'énumérez pas toutes les caractéristiques et ne décrivez pas toutes les options.

Restez simple. Par chance, si vous opérez selon la méthode du marketing participatif, en partant d'une tactique simple pour aboutir à une grande stratégie, tout sera facile. Ce que vous présenterez constituera une manœuvre unique, audacieuse et efficace.

Ne laissez pas le choix

Une des questions qui vous sera le plus souvent posée au cours des réunions internes concernera toujours la possibilité d'envisager d'autres solutions éventuelles.

« Il existe sûrement d'autres stratégies possibles pour atteindre les mêmes objectifs. Pourquoi ne pas nous les présenter afin que nous puissions opérer un choix ? »

N'y pensez pas. Lorsqu'une stratégie conquérante a été élaborée selon les principes participatifs, il n'existe pas d'autres possibilités à considérer. Les managers qui s'imaginent le contraire vivent dans un monde mythique.

Le jeu des alternatives est une séquelle du mode de pensée traditionnel. Quand vous êtes perché au sommet d'une montagne, toutes les collines vous paraissent faciles à grimper.

Mais quand vous êtes au pied du mur, au fond de la Vallée des Réalités, vous vous apercevez que vos choix sont sévèrement limités. Et vous avez bien de la chance si vous trouvez une colline à investir.

Dans un monde hautement concurrentiel, vous allez être soumis à de fortes pressions pour parvenir à présenter une tactique qui puisse fonctionner. Sachez ce qu'elle vaut. N'acceptez pas de succédanés.

Pourtant, beaucoup de commerciaux pensent le contraire. Ils envisagent le succès comme la somme d'un grand nombre d'efforts limités, exécutés avec soin. Ils pensent qu'ils peuvent élaborer et choisir des démarches issues de plusieurs stratégies différentes et atteindre le succès dans la mesure où ils travailleront comme des fous.

Nous croyons dans les vertus d'une approche unique et audacieuse du marketing. Quelle que soit la situation, nous croyons que vous ne trouverez qu'une seule démarche qui vous conduise à la victoire.

Quand vos préoccupations de carrière vous brouillent la vue

Un des plus grands dangers qui guettent la « vente » d'une campagne marketing est l'apparition d'un conflit entre les ambitions professionnelles des individus et les nécessités de la production.

De nombreux dirigeants prennent leurs décisions d'abord en fonction de leur influence sur leur propre carrière et, ensuite seulement, de leur influence sur les concurrents ou l'ennemi.

Ainsi, par exemple, l'attaque désastreuse, lancée par le maréchal Montgomery à travers les Pays-Bas au cours de la Seconde Guerre mondiale, a été décrite par de nombreux observateurs comme une poursuite de gloire personnelle aux dépens de la mise en œuvre d'une tactique intelligente.

Le général Patton, par contre, a su à plusieurs reprises mettre en jeu sa carrière pour exploiter au mieux sa brillante conception de la tactique d'intervention de l'arme blindée.

Les préoccupations professionnelles de nombreux cadres confirmés les empêchent d'opérer de manière audacieuse. Pourquoi prendre des risques quand on a déjà atteint un très haut niveau de rémunération et que la retraite n'est pas loin ?

Les ambitions de nombreux cadres jeunes leur dictent des décisions « sûres », de manière à ne pas perturber leur progression le long de la hiérarchie de l'entreprise. Ils se souviennent du vieil adage qui dit que : « La roche Tarpéienne est près du Capitole. »

Il existe de grandes sociétés américaines où rien ne se fait si un dirigeant haut placé n'en tire pas un bénéfice personnel. Des idées sont rejetées, bien plus parce qu'aucun membre de la direction n'en tire avantage que parce qu'elles sont discutables.

Un des avantages de « diriger par consentement général » à la manière japonaise est de bloquer l'influence des préoccupations personnelles de carrière. Une entreprise japonaise se concentre sur sa propre réussite, non pas sur celle des individus qui la constituent.

Personne, bien sûr, ne nous engage à dépersonnaliser nos entreprises pour imiter les Japonais. Envisagerions-nous d'échanger Lee Iacocca contre Shoichiro Irimajiri, Yukiyasu Toyo ou Masahiko Zaitsu, les grands patrons de Honda, Toyota et Nissan ? Certes non, mais il existe peut-être un moyen terme.

Le système de parrainage

Une des manières de désamorcer le facteur des préoccupations personnelles de carrière est de l'exposer au grand jour. Des sociétés telles que 3M appliquent un système de « parrainage » pour identifier publiquement celui ou celle qui va personnellement profiter du succès d'un produit ou d'une affaire nouvelle.

A la base même de la culture de 3M, existe le fondement quasi philosophique qu'aucun projet ne peut être adopté si un dirigeant ne s'en fait pas le « parrain ».

Le lancement réussi des papillons adhésifs (les fameux Post-it) est une illustration du fonctionnement du système. Art Fry, cadre scientifique de 3M, a été le parrain de ce produit pendant près de douze ans, le temps nécessaire à son lancement sur le marché.

Même si ce système fonctionne, il n'est pas nécessairement le meilleur. Théoriquement, un environnement idéal devrait permettre au management de juger un concept sur sa valeur propre, non sur celle de celui ou celle qu'il valorisera.

Mais, pour qu'une entreprise fonctionne de cette manière idéale, elle doit être fondée sur le travail d'équipe, l'esprit de corps et posséder un dirigeant adepte de l'autosacrifice.

Et l'on pense immédiatement à Patton, à sa Troisième Armée et à leur percée à travers la France. Il n'est pas une armée dans l'histoire qui ait conquis un territoire aussi vaste et capturé autant de prisonniers en aussi peu de temps.

La récompense de Patton ? Eisenhower l'a démis de son commandement.

Quand l'organigramme de l'entreprise devient un obstacle

Cela arrive souvent dans les grandes entreprises organisées en un grand nombre de départements. Vous devez vous y attendre quand vous opérez selon le mode participatif.

Couramment, quand la tactique est en cours de transformation en stratégie, l'organigramme devient un obstacle. Il arrive que la tactique concerne plusieurs produits ou plusieurs marchés. Et si l'entreprise est organisée par marchés ou par produits, vous risquez de rencontrer des problèmes, et des vrais.

Pour parvenir au lancement du programme, il faudra que vous progressiez à travers l'organigramme. Vendre une proposition en interne devient une course d'obstacles. Les différents participants qui devront d'abord approuver les propositions, puis travailler ensemble, ont bien d'autres chats à fouetter.

Mais avant tout, les managers n'aiment rien partager, et surtout pas le bénéfice d'un programme réussi. Ils préfèrent se débrouiller tout seuls, même dans un cadre plus restreint qui conduit à un succès modéré, plutôt que de n'être qu'un élément d'une réussite de grande envergure, fut-elle exceptionnelle.

Que pouvez-vous faire pour lutter efficacement contre l'organigramme ? Nous vous recommandons de faire de la

« vente participative ». Serrez les dents et gravissez tous les échelons de l'organisation jusqu'à ce que vous atteigniez la seule personne qui soit en mesure d'autoriser la mise en œuvre de programmes interdivisionnaires. (Peut-être cette personne peut-elle même modifier les intitulés de l'organigramme.)

Ne tentez pas de court-circuiter le système en partant du sommet. C'est la meilleure manière de déclencher une guérilla interne. A mesure que le programme suivra son chemin en descendant l'organigramme, tous les couteaux seront tirés et les chausse-trappes installées à chaque étage. Soyez assuré que les responsables de services feront des objections que vous n'auriez même pas imaginées dans vos rêves les plus fous.

Vous augmenterez notablement vos chances de réussite future, une fois obtenu l'accord de la direction, en rencontrant et en traitant ces mêmes objections au cours de votre lente progression vers le sommet.

Certes, vendre une idée à partir de la base pose des problèmes. Parmi lesquels la recherche de la perfection est un des plus graves. (L'enfer est pavé de bonnes intentions.)

Quand vous « poussez » un concept vers le sommet, tous ceux que vous rencontrez en route peuvent ressentir le devoir d'apporter leur contribution. Et, à moins d'être très prudent, vous pourriez bien ne plus reconnaître votre projet à son arrivée sur la table du conseil d'administration.

Quand la haute direction devient un obstacle

Vous pouvez être porteur d'une tactique explosive et d'une stratégie brillante et vous faire néanmoins « descendre » dans la salle du conseil.

De tous les cadres responsables d'une entreprise, ce sont généralement le PDG et son état-major qui sont le plus loin du terrain. Par conséquent, ce sont les moins bien placés pour juger de la puissance d'une tactique. « Vous voulez baptiser cette voiture Acura au lieu de Honda ? »

Ils ne pensent pas en termes de tactique. Ils pensent en termes de stratégie. « A votre avis, B. J., est-ce que ça correspond à nos plans stratégiques ? »

Il va falloir que vous usiez de subterfuges.

Un des meilleurs « trucs » consiste à vendre l'impact de votre stratégie sur la « réputation » de l'entreprise. Le marketing néglige trop souvent la « réputation ». Cet oubli provient de ce que les cadres moyens, préoccupés par leurs carrières, s'enferment dans des réflexions à court terme.

Quand la réputation d'une entreprise sur le marché faiblit, la presse s'en fait rapidement l'écho. Observez les problèmes rencontrés par la General Motors et IBM. La mystique s'est effacée. Les consommateurs envisagent plus facilement d'autres alternatives.

Par sa nature-même, une attaque audacieuse et unique peut rehausser la réputation de votre entreprise. N'hésitez pas à utiliser cet argument pour amener la direction de votre entreprise à soutenir votre projet. Après tout, il n'est pas de dirigeant qui puisse refuser un salut à l'étendard de sa société.

Le nom de marque est la stratégie

Bien souvent, si vous pouvez arriver à vendre la stratégie, vous ne pourrez pas vendre le nom de marque.

Les noms de marque sont ancrés dans les egos. Si parmi vos recommandations, vous introduisez le changement d'un nom, vous pouvez savoir d'avance où cela va gripper.

Mais ne déviez jamais de cet axiome : Le nom de marque est la stratégie. Vous ne pouvez pas le sacrifier et développer quand même une stratégie conquérante.

Avec un nom de marque comme LaSalle, l'Allanté aurait pu atteindre un grand succès. Aucun espoir avec un nom comme Cadillac.

Sous le nom de Pillsbury, l'entreprise n'avait aucun moyen efficace d'investir le marché du pop-corn pour fours à microondes.

Les noms de marque sont primordiaux. Il est bien possible que la décision de marketing la plus fondamentale que vous soyez amené à prendre est celle du choix du nom du produit. Le nom de marque est l'élément central du marketing participatif.

Quand vous acceptez un compromis concernant le nom de marque, tout votre projet est en péril. Il vaut mieux perdre la bataille interne sur le terrain du nom de marque que d'en accepter un mauvais et perdre ensuite la guerre sur le terrain du marketing.

Soyez ferme. Défendez votre nom de marque. N'acceptez aucun compromis.

Quand Nestlé a lancé son café instantané lyophilisé pour concurrencer le Maxim, la direction américaine de Nestlé voulait le baptiser « Le Choix du goûteur ». Au siège, là-bas, les Suisses voulaient « Nescafé Or ».

La bataille fit rage pendant deux ans, par dessus l'Atlantique. Enfin, les Américains l'emportèrent. Le Choix du goûteur est un très grand succès. Il l'emporte aujourd'hui sur son concurrent Maxim par dix contre un.

« Il a le goût et le parfum d'un café fraîchement grillé et moulu » dit la publicité qui lui est consacrée. Son nom de marque est le résultat d'une puissante tactique de positionnement face au café grillé et moulu.

Ne cédez pas de terrain. Défendez le nom de marque que vous avez choisi. Le nom est la stratégie.

Le marketing global a encore frappé

Une des raisons pour lesquelles les Suisses souhaitaient voir adopter le nom de marque Nescafé Or était qu'ils voulaient pouvoir vendre le produit dans le monde entier sous un nom unique.

Un nom de marque unique, une stratégie unique, un positionnement unique. Voilà le but du marketing global, la dernière mode des écoles de commerce de série B.

Dans la plupart des pays du monde, le Nescafé est la marque de café la plus consommée. Dans certains pays, même, sa part de marché dépasse 75 %. Nescafé est une marque puissante dans le monde entier. Sauf aux Etats-Unis.

Les penseurs traditionnels auraient été probablement d'accord avec les Suisses. « Rendons la marque Nescafé encore plus puissante en nommant notre nouveau produit Nescafé Or. »

Les penseurs participatifs auraient probablement souscrit à cette décision... mais uniquement pour les marchés où Nescafé était déjà la marque dominante. Aux Etats-Unis où il n'y a nulle part de Nescafé, les penseurs participatifs auraient exigé un nom nouveau pour lutter contre la concurrence puissante de Maxell House/Maxim.

Le même principe s'est appliqué à Datsun. Etait-il nécessaire de changer le nom de marque pour que Nissan puisse développer une stratégie mondiale ? Oui, si vous pensez de manière participative.

Non, si vous êtes traditionnaliste.

Lorsque tous les pays seront devenus semblables, le marketing s'exercera au niveau mondial. Quand les marchés seront devenus identiques, la pensée participative produira un programme unique qui pourra être mis en œuvre partout.

Jusqu'à ce jour, la campagne de marketing la plus efficace que vous pourrez développer dans un pays donné ne conviendra pas nécessairement à un autre.

L'application des méthodes du marketing participatif vous garantit d'aboutir dans chaque pays à des programmes optimisés.

Chapitre 14

Financez

Le Dr. Richard R. Green, Chancelier des écoles de la ville de New York, définissait sa philosophie en ces termes : « Je ne négligerai rien sous le prétexte que la tâche est impossible. »

Voilà une affirmation qui paraît grandiose quand elle est énoncée dans la salle du conseil d'administration. Mais quand vous êtes sur le front, vous devez faire face aux réalités. C'est alors peut-être difficile à accepter mais il faut se rendre à l'évidence, l'impossible est impossible.

En matière de marketing, rien n'est possible si les ressources nécessaires à la campagne envisagée n'existent pas. Et par ressources nous entendons l'argent.

Avec de l'argent, vous pouvez acheter les outils dont vous avez besoin, que ce soit une force de vente, un appareil de distribution ou de la publicité.

Sans les fonds nécessaires au financement de toutes ces opérations, la planification la plus astucieuse au monde ne vous donnera pas un micro-point de marché supplémentaire.

Il faut de l'argent pour faire de l'argent. Et dans notre société gorgée de communication, il faut beaucoup d'argent pour faire de l'argent.

Alors que la direction d'une entreprise dégage facilement les nombreux millions de dollars nécessaires à la construction d'une usine, il est bien plus difficile de lui faire approuver une campagne de marketing de plusieurs millions de dollars.

Une idée nouvelle (et le marketing est essentiellement une bataille d'idées) exige des investissements préalables. Pourtant les entreprises aimeraient mieux fixer les budgets de publicité et de marketing en fonction des ventes effectuées. Cela signifie qu'une idée nouvelle ne reçoit pas le financement nécessaire pour pouvoir percer le nébuleux brouillard qui baigne le marché.

Divisez pour mieux perdre

Il y a de cela quelques années, la puissante Seven-Up Company a mis au point deux stratégies brillantes pour concurrencer les grandes sociétés de cola. Les deux stratégies exploitaient le problème tactique de la caféine dans le Coca et le Pepsi.

L'une des stratégies consistait à lancer Like, le premier coca décaféiné au monde.

La seconde consistait à positionner Seven-Up comme la seule boisson non alcoolisée « sans caféine ». Dans la mesure où Seven-Up occupait déjà la position du « non cola », l'autre boisson par opposition au Coca ou au Pepsi, l'attaque au travers de la caféine promettait d'être un succès fameux.

Quelle stratégie Seven-Up aurait-elle dû mettre en œuvre ? Chacune aurait pu réussir mais malheureusement, Seven-Up a partagé ses budgets et a tenté les deux simultanément.

Aussi quand Coca-Cola et Pepsi-Cola réagirent avec des colas décaféinés, la situation de Seven-Up se détériora rapidement.

Avec un budget double de celui consacré, il est probable que Seven-Up aurait transformé son cola décaféiné en un produit gagnant. Les choses étant ce qu'elles sont, Like a survécu quelques années avant d'être supprimé. (Dans un certain sens, le lancement de colas décaféinés par Coca-Cola et Pepsi ont renforcé la crédibilité de la marque Like.)

Et bien que Seven-Up Company ait mieux réussi sa campagne « sans caféine » pour sa boisson non alcoolisée Seven-

Up, il est fort probable qu'elle aurait atteint de meilleurs résultats avec un budget plus élevé.

Où que vous regardiez, vous pouvez observer des entreprises qui dispersent leurs ressources alors qu'elles devraient les concentrer sur des opérations profitables. Au cours de la même année, la General Motors a lancé simultanément une joint venture avec Toyota et son projet Saturne. Les deux opérations vont aboutir à des produits similaires.

On ne peut s'empêcher de se demander si General Motors ne serait pas dans une bien meilleure situation aujourd'hui si elle avait concentré ses ressources sur une seule de ces opérations.

Allouer des ressources insuffisantes au développement d'une idée est encore pire que de ne pas la financer du tout. « Beaucoup s'imaginent que des demi-efforts peuvent être efficaces » dit Clausewitz. « Un petit saut est plus facile à faire qu'un grand mais jamais personne n'a cru qu'il était possible de sauter par dessus un fossé en procédant par demi-sauts. »

Supposons que vous ayez demandé un million de dollars pour lancer un programme nouveau. La direction vous répond : « Que pouvez-vous faire pour un demi-million ? »

Votre réponse doit être : « Nous pouvons nous retrouver au milieu du fossé. » Il vaut mieux abandonner tout un projet que de tenter de le lancer sans que les ressources nécessaires à son accomplissement aient été dégagées.

Souvent, votre problème de financement peut prendre deux aspects.

1. *Le cas de la petite entreprise pauvre* : les petits entrepreneurs sont aussi riches en idées qu'ils sont pauvres en fonds. Pour réussir, une petite entreprise doit résoudre son problème de financement.

Si vous travaillez dans ce genre d'entreprise, soit vous réduisez votre cible géographiquement en vous limitant à un développement régional, soit vous cherchez de l'aide.

L'approche régionale est probablement la meilleure manière de démarrer puisqu'elle vous donne la possibilité de roder votre projet et de l'affiner. Tom Monaghan a démarré sa chaîne de pizzas Domino's en ouvrant un seul magasin. Après avoir maîtrisé les différents aspects tactiques de la situation, il a recherché un apport financier. En l'occurrence, c'est grâce au système de franchise qu'il a répandu son idée au plan national.

Le danger qui guette les petites entreprises est qu'elles soient coulées par de plus grosses structures avant même d'avoir la chance d'atteindre une taille critique.

Avoir recours à un financement externe ne signifie pas se retirer des affaires. Dans la majorité des cas, vous pouvez conserver une partie des cartes et continuer à participer à la partie. Il est préférable de rester actif avec 10 % des parts que de disparaître avec 100 % du capital.

2. *Le cas de la grande entreprise riche* : les grandes entreprises comme la General Motors sont pauvres en idées et riches en argent. Le problème est que les fonds tendent à être saupoudrés sur une multitude de projets.

Aussi quand vous mettez la main sur une bonne idée, il est fondamental de mettre aussi la main sur l'argent nécessaire avant que celui-ci ait été employé ailleurs.

C'est le problème le plus important dans le cas des grandes entreprises. Elles divisent parfois leurs fonds disponibles entre de nombreux produits et activités. C'est un des périls de la décentralisation.

Dans une entreprise décentralisée classique, chaque responsable reçoit un budget qu'il utilise comme il lui plaît. La direction est ravie d'arroser tout le monde car cela permet de rendre chacun raisonnablement heureux. Le seul problème des responsables est alors de s'assurer que les budgets ne soient pas dépassés.

Dans l'univers du marketing participatif, les dirigeants doivent maximiser les occasions en affectant le gros des ressources à l'idée ou à la situation percutante. Dans la mesure où cela conduit à déshabiller Pierre pour habiller Paul, le PDG doit être prêt à trancher dans le vif, puis à défendre ses choix quand il doit faire face aux responsables qu'il vient de léser.

Pour y arriver, il est clair que les directions doivent être nettement plus au courant des détails tactiques des batailles menées sur le marché.

Certaines entreprises affectent la plus grande partie de leurs ressources à leur nouveau produit. Quand IBM par exemple, a lancé le PC, la compagnie lui a consacré 75 % de son budget de publicité.

Au cours de sa première année d'existence, le PC a contribué pour moins de 5 % au chiffre d'affaires de la compagnie. Mais, bien plus que l'argent, c'est la conviction que le PC serait dans l'avenir un succès qui a amené IBM à lui consacrer un budget publicitaire aussi important.

Et la direction générale s'en mêle

Bien que le marketing participatif s'applique à tous, quels que soient les niveaux hiérarchiques considérés, il conduit à de meilleurs résultats s'il est compris et pratiqué par le patron lui-même.

Quand le processus est initié par le PDG, toute l'opération consistant à pousser le projet jusqu'au sommet devient inutile. Le délai de réaction de l'entreprise est considérablement réduit parce que les dirigeants sont les mieux placés pour affecter les ressources nécessaires. Ils occupent les bureaux voisins du vice-président chargé des finances.

Et quand les dirigeants apprennent à jouer leur rôle de leaders actifs, tout le processus de marketing devient beaucoup plus efficace.

C'est la seule façon de concurrencer avec succès les firmes japonaises. En effet, bien que les Japonais pratiquent un genre de marketing participatif, ils ne l'appliquent qu'aux échelons les plus bas de la hiérarchie.

Ce dont l'Amérique a le plus besoin, c'est d'un plus grand nombre de MacArthur au niveau du management. Comme de nombreux généraux, Douglas MacArthur avait compris les fondements du processus participatif appliqué à la guerre.

Mais cela fonctionne aussi en marketing.

Chapitre 15

Faites appel à un œil extérieur

A un moment donné, vous aurez besoin de tester votre objectivité.

Il est très difficile à un œil intérieur de faire preuve de ce regard objectif dont vous avez besoin pour régler, avant de lancer les opérations, ces détails ultimes mais critiques. Les yeux internes sont trop familiarisés au paysage, ils en savent trop.

L'œil extérieur possède l'avantage d'être neuf et ignorant. Comme il ne connaît rien de tous les détails internes, son regard a bien plus de chances d'être analogue à celui du prospect. C'est cette objectivité qui rend l'œil extérieur si indispensable, en particulier au moment du choix de la tactique à suivre.

Le choix de la tactique

En faisant appel à des consultants extérieurs vous comprendrez mieux pourquoi la pensée traditionnelle, « de haut en bas », est si inefficace. Quand vous commencez par élaborer la stratégie, vous dictez aussi au consultant la tactique qu'il faut suivre.

Rappelons que toute tactique est fondée sur des éléments extérieurs. Qu'y a-t-il dans la tête du prospect ? Quelles sont les tendances qui influencent actuellement le commerce ?

Quelles sont les positions actuellement occupées par les concurrents ?

Le consultant extérieur est beaucoup moins utile en ce qui concerne l'élaboration de la stratégie car c'est une affaire principalement interne. Comment allons-nous réorganiser l'entreprise pour tirer profit d'une situation ou maximiser une tactique ? Comment allons-nous construire et manipuler le « marteau stratégique » qui va enfoncer le « clou tactique » ?

Quand les décisions se prennent au sommet, il arrive souvent que les choix tactiques effectués ne soient pas appropriés. Le conseiller externe en vient forcément à cette conclusion.

Ce dernier va-t-il dire à son client que sa stratégie est erronée (perdant fort probablement ainsi sa mission) ?

Ou bien va-t-il recommander la moins mauvaise des options envisagées ? (Après tout, les conseillers extérieurs peuvent toujours se consoler en se disant que « la stratégie vient en premier ».)

Le marketing participatif permet de mieux percevoir le rôle du conseiller extérieur. Il remet les différentes étapes dans l'ordre logique. Il libère le conseiller des contraintes imposées par la stratégie et lui permet ainsi d'explorer l'ensemble des options tactiques.

Les deux parties en tirent des avantages.

Voir l'évidence

Le conseiller peut vous aider à percevoir « l'idée tactique évidente ». Il arrive, parfois, que l'idée la plus difficile à vendre soit l'idée évidente. Quand une idée est évidente, tous les regards internes s'imaginent qu'elle a déjà été essayée par tout le monde et qu'elle n'a rien donné.

Pourtant les meilleures idées sont les idées évidentes. Elles sont les meilleures parce qu'elles sont vite appréciées par les clients et les prospects. Elles peuvent s'imprimer dans les esprits au prix d'un investissement minimum.

Le regard intérieur rejette souvent l'évidence parce qu'elle lui paraît trop simple. Dans la mesure où elle lui est évidente, elle ne peut pas être « neuve » sur le marché.

C'est généralement faux. Les prospects sont rarement liés à une entreprise et à ses produits au point de percevoir l'évidence.

Le rôle de l'œil extérieur est de ne pas laisser jeter à la corbeille l'idée évidente sans l'avoir très attentivement étudiée.

Les conseils extérieurs apportent souvent un souffle d'air frais dans l'ambiance de la salle de conférences. Les yeux internes peuvent facilement tomber amoureux de leurs propres produits et services. Ils sont prisonniers de la culture du groupe. Les membres de l'organisation expriment tellement souvent des idées fausses qu'ils finissent par leur donner une réalité.

Le consultant extérieur peut briser tous les mythes culturels internes et introduire une bonne dose de réalisme dans les échanges.

Le partenaire extérieur permanent : l'agence de publicité

Le seul « étranger » qui hante régulièrement les couloirs des groupes industriels est le représentant de l'agence de publicité.

Qui prend toutes les initiatives ? Vous ou votre agence de publicité ?

« Nous formons une association », dit l'agence.

« Sûr », confirme l'entreprise, mais elle le dit *in petto* ou au moins dans le dos de l'agence.

En fait, les constructeurs de matériels de haute technologie, ordinateurs et équipement industriel par exemple, gardent l'initiative dans leurs relations avec les publicitaires. Ils considèrent, avec de bonnes raisons, que leurs produits sont trop techniques pour laisser la direction des opérations à leur agence de publicité.

Les fabricants de produits à faible contenu technique tels que la bière et les sodas laissent la conduite des opérations à leurs agences de publicité. (Encore qu'une entreprise comme Procter & Gamble, dont les produits sont à très faible contenu technologique, est connue pour exercer un contrôle très étroit sur tous les aspects de sa publicité.)

Dans les cas où l'agence de publicité occupe la position dominante, la relation est stable tant que les affaires vont bien.

Généralement, quand les affaires tournent mal, la relation se rompt, parfois aussi soudainement qu'un coup de tonnerre dans un ciel bleu. (Les gens de l'agence ne savent pas quel coup les a frappés.)

Cependant, de plus en plus souvent, les entreprises jouent le rôle principal. Quand les affaires sont bonnes, l'argent à distribuer ne manque pas et les entreprises laissent même volontiers leur agence prétendre qu'elle est responsable. (Certains mariages fonctionnent de la même manière.)

Le marketing participatif peut aider à régler cet ancien conflit. L'agence se concentrant sur la tactique et l'entreprise sur la stratégie, chacune des parties possède son propre terrain de responsabilité.

La seule chose que vous devez garder à l'esprit est que la tactique gouverne la stratégie. Si vous suivez cet ordre, tout ira bien.

Quand les agences perdent leur objectivité

La plupart des entreprises apprécient leurs agences de publicité pour leur objectivité. Mais il arrive que certaines agences aient été depuis si longtemps mêlées à l'entreprise qu'elles se conduisent plus comme des yeux intérieurs que comme des partenaires extérieurs.

Que se passe-t-il lorsque votre agence de publicité perd son objectivité ? Très difficile à dire, en particulier parce que vous ne pouvez pas être objectif envers vous-même.

Si vous êtes attentif, vous verrez qu'il peut y avoir des indices. Quand vous apportez une idée nouvelle par exemple, votre partenaire ne répond-il pas oui trop vite ? Ou non ? (Personne n'est jamais toujours dans le vrai ou toujours dans le faux.)

Votre agence appartient-elle au « club de l'idée du mois » ? Manifeste-t-elle un entrain particulier à se lancer sur une deuxième idée quand la première a été rejetée ?

S'il vous fallait subir un triple pontage cardiaque, vous vous empresseriez d'aller faire confirmer le diagnostic. En fait, même votre médecin traitant vous le conseillerait.

Qu'y a-t-il d'extraordinaire à faire la même chose alors qu'il s'agit d'investissements publicitaires de plusieurs millions de dollars ?

Mais attention, avant de partir à la recherche de ce second avis, préparez-vous à y faire face de manière objective. Vous ne pourrez pas éviter que certains orteils soient écrasés. Il n'existe pas de cas où quelqu'un puisse intervenir dans une situation de marketing sans que certains egos ne soient froissés. Cela s'explique par le fait que les groupes sont en perpétuelle évolution.

Aucun auditeur externe chargé d'une mission en entreprise n'a entendu dire : « Nous sommes heureux de vous accueillir. Nous n'avons rien fait l'an dernier, nous attendions votre venue. » Evidemment, il s'est passé des choses et des décisions ont été prises ; c'est pour ça qu'on paye les gens.

Les problèmes peuvent apparaître avec ceux, justement, qui ne font pas ce qu'ils devraient faire. Ils vont considérer la mission d'audit comme une menace et se comporter comme s'ils étaient attaqués.

L'instinct de conservation est le plus fort des moteurs humains, aussi la direction générale doit être sur ses gardes pour éviter que des intérêts dévoyés ne l'emportent sur une saine réflexion.

Quand les pays perdent leur objectivité

L'objectivité du regard extérieur n'est nulle part plus indispensable que dans le positionnement d'un pays dans l'esprit des gens qui voyagent.

Dans le secteur touristique, les responsables sont nés en général dans le pays dont ils assurent la promotion. Ils ont probablement vécu la plus grande partie de leur vie dans leur pays d'origine et gardent probablement aussi en mémoire ce qu'il était avant que les promoteurs et les « bétonneurs » aient mis la main sur ces paysages autrefois magnifiques.

Ils connaissent tout sur le temps, sur les encombrements routiers et tous les autres problèmes ; aussi pensent-ils bien connaître leur pays. Combien d'Américains, par exemple, vont visiter l'Europe avant même d'avoir visité les sites les plus importants des Etats-Unis ? La majorité.

Combien d'Américains connaissent la Grand-Place de Bruxelles sans avoir jamais visité le Grand Canyon en Arizona ?

Mais le même manque d'objectivité existe dans d'autres pays. La Nouvelle-Zélande en est une intéressante illustration.

A l'heure actuelle, un grand nombre d'Américains commencent à découvrir l'Australie. Merci Crocodile Dundee !

Dans la mesure où de plus en plus d'Américains forment le projet d'aller faire un tour « de l'autre coté », il semble que la Nouvelle-Zélande soit bien placée pour ramasser quelques parts du nouveau gâteau touristique. Après tout, il est fort simple de visiter les deux pays une fois que vous êtes sur place.

(Pour ceux qui n'ont jamais fait le voyage, sachez que vous allez en Nouvelle-Zélande en passant par Hawaï, puis en prenant à gauche et en volant quelques neuf heures de plus. Une fois là, l'Australie est à quatre heures de vol supplémentaires.)

Que doit faire la Nouvelle-Zélande si elle veut profiter de l'intérêt qui se développe pour l'Australie ? Trois fois rien.

Souffler simplement au voyageur que la Nouvelle-Zélande existe et qu'il y a des choses à voir. Qui ne s'arrêtera pas, alors, pour jeter un coup d'œil ?

Mais les choses ne sont pas aussi simples. Quel est l'angle d'attaque concurrentiel et mental qui va convaincre les touristes d'écourter leur séjour en Australie pour venir en Nouvelle-Zélande ?

Depuis le temps que la Nouvelle-Zélande fait de la publicité aux Etats-Unis, elle n'a jamais su trouver un positionnement accrocheur ou introduire une idée intéressante. A chaque nouvelle nomination d'un responsable du tourisme a correspondu une modification de la publicité. Tout ce qu'il en reste dans la tête des gens est que la Nouvelle-Zélande est un charmant pays, quelque part dans le Pacifique sud, couvert de moutons.

Mais pour ceux qui l'ont visitée, la Nouvelle-Zélande est un pays riche de paysages fantastiques. Si jamais la compagnie Walt Disney en vient à imaginer un pays, celui-ci ressemblera beaucoup à la Nouvelle-Zélande.

La Nouvelle-Zélande est constituée de deux îles. L'île du nord ressemble beaucoup à la Californie côtière, mais en mieux. Des collines vertes, de l'eau, beaucoup d'eau et des millions de moutons qui maintiennent l'herbe des prés parfaitement soignée. L'île du sud ressemble beaucoup aux Alpes. De hautes montagnes couvertes de neige, des fjords, des lacs et pas d'autoroutes. Ajoutez quelques volcans et quelques petites villes campagnardes qui auraient pu être directement importées d'Angleterre. Tout est réellement intact et merveilleux.

Avec des paysages aussi magnifiques, il n'était pas difficile de trouver une tactique pour lancer la Nouvelle-Zélande sur le marché des Etats-Unis.

Le spot télévisé posait une question et y répondait par des images qui correspondaient directement au texte.

« Quelle est la plus belle île au monde ? »

« L'île du nord a des lacs magnifiques, des plages vierges et des rivières enchanteresses. »

« L'île du sud est couverte de montagnes majestueuses, découpée de fjords à vous couper le souffle et vous offre des paysages fabuleux. »

« Mais vous n'avez pas besoin de choisir, vous pouvez visiter les deux îles au cours du même voyage. »

« Adressez-vous à votre agence de voyages et elle vous enverra en Nouvelle-Zélande, *les deux plus belles îles au monde*. »

L'angle mental d'attaque des « deux plus belles îles au monde » a stupéfié les Néo-Zélandais qui ont vu les rushes de cette publicité. Ils ne voyaient pas leur pays comme des îles, pas plus qu'ils n'en voyaient la beauté. Ils en étaient trop proches et ils étaient trop modestes.

Chapitre 16

Lancez votre campagne

Quand vous êtes réellement prêt à lancer votre campagne, il est temps de changer de vitesse. Et au lieu d'utiliser l'approche participative, vous devez mener l'opération en partant cette fois du sommet.

En d'autres termes, quand vous êtes prêt à passer à l'exécution du projet, vous devez opérer un lancement précis, selon un déroulement précisément synchronisé et commandé du sommet.

« Du terrain à la direction pour la planification, mais de la direction au terrain pour l'exécution », voilà le schéma que nous vous conseillons. Cela dit, il faut bien constater que la plupart des entreprises font l'inverse.

Les dirigeants élaborent une stratégie dans le secret de leur « tour d'ivoire ». Ils publient des plans stratégiques qui énumèrent leurs objectifs en des termes généraux. Les cadres moyens sont supposés régler les détails tactiques.

Il en résulte que les plans stratégiques qui parviennent sur le terrain entourés de rubans dorés ou argentés sont immédiatement rangés sans être lus. « Nous savons ce dont nos clients ont besoin et ce qu'ils désirent » dit la force de vente. « Tout ce fatras ne ferait que créer la confusion. »

A l'agence de publicité, les créatifs jettent un œil sur ces mêmes plans stratégiques, histoire de voir s'il y a quelque chose..., n'importe quoi..., qu'ils pourraient utiliser dans les publicités.

Généralement, ils trouvent quelque chose; mais, après qu'elle ait été modifiée, améliorée et présentée autrement, plus personne dans l'entreprise ne reconnaît la proposition originale. Aucune importance d'ailleurs, du moment que c'est du travail créatif.

L'approche militaire

Une organisation militaire combine la planification participative avec l'exécution ordonnée par le sommet.

Une fois la stratégie élaborée de manière participative, une organisation militaire organisera une exécution dirigée du sommet où il reste peu de place pour les initiatives individuelles.

Comme un bon match de foot, l'exécution d'une bonne attaque se déroule dans le bon ordre où chaque unité exécute la mission qui lui a été préalablement fixée au bon moment et au bon endroit.

Evidemment, cela ne conviendra pas à l'entreprise, pourriez-vous penser. Mais si, pourtant. Cela « fonctionne » tous les jours dans des entreprises comme Hertz, Avis et McDonald's.

Le secret de l'organisation d'une chaîne de franchise performante est d'écrire un règlement, puis de l'appliquer. Quand vous avez choisi un bon axe de marketing, cohérent et puissant (la stratégie), vous n'allez pas laisser des joueurs individuels s'en mêler.

L'approche commerciale

L'entreprise peut tirer profit d'une stratégie de type militaire. La mise en œuvre de stratégies élaborées au sommet est trop souvent confiée à des cadres moyens qui ont carte blanche en ce qui concerne le choix des tactiques.

Et cela peut fonctionner. Il arrive qu'un plan stratégique maladroit soit sauvé par des modifications d'ordre tactique effectuées par les premiers échelons commerciaux.

Mais ce n'est pas une manière très efficace de planifier, ni d'exécuter. Et ce type de fonctionnement crée des tensions importantes le long de la chaîne de décision de l'entreprise.

Vous pouvez l'observer dans de nombreuses grandes entreprises. Les personnels des échelons inférieurs, ceux qui sont sur le terrain, fonctionnent constamment en violant ouvertement les ordres stratégiques émis par l'état-major général enfermé dans la « tour d'ivoire » qu'est le siège social. Mais ils conservent leur emploi parce qu'ils sont tactiquement efficaces.

C'est un gâchis. Une entreprise pourrait être incomparablement plus efficace si ses dirigeants n'hésitaient pas à aller sur le terrain pour élaborer leur stratégie d'une façon participative.

Mais, la planification stratégique traditionnelle conduit involontairement à des situations pleines d'humour. Avec tous ces discours à propos des objectifs, des buts, des plans, toutes ces affirmations relatives à leurs missions, le fait est qu'aujourd'hui la plupart des entreprises sont finalement gérées en dehors de toute stratégie. Elles discourent sur la stratégie, mais dans l'action, il n'en est pas question.

Chacun poursuit sa voie de son côté, sans participer à cette attaque unique et audacieuse dont nous avons parlé. Dans ces entreprises, la stratégie de groupe est comme une œuvre d'art que vous accrochez chez vous. Elle ne sert à rien, plus personne n'y fait attention, mais vous vous sentez mieux en sachant qu'elle est là. Des murs nus rendent les gens nerveux, juste comme une entreprise sans stratégie semble en quelque sorte inachevée.

Les choses seraient-elles réellement différentes si votre groupe ne construisait pas de stratégie ? Soyez honnête. Probablement que non.

Demandez donc à l'un de vos collègues quelle est la stratégie de l'entreprise. Si la réponse vous arrive sous la forme d'un dossier de cinq centimètres d'épaisseur, vous saurez qu'elle n'en a pas.

L'entreprise dirigée stratégiquement

Ce qui est passionnant dans le marketing participatif, c'est que son application permet de transformer une entreprise qui ne se contente que de discours en une entreprise dirigée stratégiquement.

Quand une entreprise fonde sa stratégie sur une tactique efficace, elle se trouve stratégiquement dirigée. Elle se concentre entièrement sur son objectif et utilise des tactiques puissantes mais simples.

La stratégie de Domino's vise à dominer le marché des pizzas livrées à domicile en mettant en œuvre une seule tactique : « Nous vous garantissons la livraison en 30 minutes au plus. » C'est tout. Vous n'avez pas besoin d'un dossier de 5 cm d'épaisseur pour expliquer la stratégie. (Domino's utilise, en fait, un dossier de 5 cm d'épaisseur pour expliquer le système dans ses moindres détails à ses franchisés. C'est un outil de travail, et non pas l'expression de la pensée du groupe, qui risquerait de finir sur une étagère.)

L'entreprise dirigée tactiquement

Une entreprise qui élabore sa stratégie dans une tour d'ivoire et qui transmet ensuite aux hommes du terrain ses plans stratégiques sous la forme habituelle aux dirigeants de groupes se retrouve dans la situation opposée. Elle est dirigée par la tactique, sans qu'aucun axe cohérent de marketing n'ait été dégagé. Elle suit la marée et les vents dominants. Son futur dépend plus du hasard et de la chance que de la planification et de l'exécution.

Les entreprises peuvent évoluer. Un groupe qui erre peut devenir une armée parfaitement dirigée avec un sens aigu des objectifs. Mais tout ça ne se fait pas en un clin d'œil.

La première étape est de trouver une tactique efficace et la transcender en une stratégie.

Au début, la stratégie ne va pas embrasser tous les produits ou toutes les divisions de l'entreprise. C'est impossible. Les entreprises ne se libèrent pas en un instant. Elles se libèrent peu à peu. Vous ne pouvez pas transformer, du jour au lendemain, une masse amorphe de produits et de services en une puissante machine.

Pas plus que vous ne pouvez prédire l'avenir. Pas plus que vous ne pouvez planifier avec précision comment le processus de concentration se développera sur plusieurs années. Essayer de le faire, c'est d'ores et déjà perdre le contact avec la réalité.

La réalité, c'est le marché et l'esprit du prospect. C'est vers cet objectif que doivent être tournés tous les efforts. Vous devez commencer avec un projet simple construit sur l'angle d'attaque mental et concurrentiel le plus fort que vous pourrez trouver. Ensuite, observez comment il affecte vos autres produits et services.

Peut-être devrez vous modifier la direction à suivre dans les années à venir comme une division blindée contourne un obstacle qui se dresse sur son chemin. Mais vous ne pouvez pas le prévoir.

Mais tout ça n'est rien, si votre premier projet ne réussit pas avec panache.

Mais, plus précisément, comment un projet devrait-il être lancé ?

La méthode du « big bang »

Vous n'aurez jamais une deuxième chance de faire une première impression. Les idées importantes doivent avoir l'air important. (Et si votre idée est sans importance, allez sur le terrain et ramenez-en une autre.)

En outre, une idée nouvelle doit être largement diffusée, ce qui est très difficile à réaliser sans un apport médiatique important.

Vous devez toujours envisager d'appliquer la méthode du « big bang ». Lancez votre projet avec le maximum de support médiatique que vous pouvez financer. Cela vous aidera à vaincre l'inertie que vous ne manquerez pas de rencontrer.

Les gens ne restent pas là à attendre votre idée nouvelle ou votre produit dernier-né. Vous aurez besoin de créer une forte émotion pour capter l'attention des clients avant de pouvoir leur vendre quoi que ce soit.

Pour lancer le Macintosh, Apple a publié une bombe publicitaire de 20 pages dans la presse économique.

Des sociétés ont également lancé des programmes marketing nouveaux en diffusant des spots télévisés fulgurants au cours des retransmissions de la coupe annuelle de base-ball.

Mais en plus de frapper fort, vous voudrez frapper vite. Une bonne idée ne reste pas inutilisée longtemps.

Au bon vieux temps, vous aviez le temps de vous retourner avant que les concurrents n'accourent. C'est fini maintenant. Vous êtes parfois imité en moins de temps que le temps nécessaire pour faire un aller et retour à Taiwan par avion. Aussi est-il important de lancer les choses aussi vite que possible. Même s'il faut faire quelques ajustements en cours de route.

Il n'est pas nécessaire d'atteindre la perfection avant que le projet ne soit lancé. L'idée d'améliorer les choses n'est pas négative en soi, mais vous risquez de sacrifier quelque peu de l'avance que vous souhaitez avoir sur vos concurrents.

La méthode du « courant porteur »

Il existe un succédané à la méthode du big bang. Il s'agit de la méthode du « courant porteur »; la méthode préférée des petites entreprises quand elles sont menacées par des concurrents plus puissants.

Au lieu de lancer une campagne publicitaire à l'échelle nationale par la méthode du big bang, vous limitez votre campagne à une ville, un seul Etat, voire une région. Puis vous passez à une autre zone. A un moment donné, votre campagne aura probablement fait le tour du pays.

Si vous travaillez pour une petite ou moyenne entreprise, vous avez deux raisons de préférer cette dernière méthode.

1. Les petites entreprises n'ont pas les ressources nécessaires pour assumer la méthode du big bang. Non seulement son application est onéreuse, mais les fonds qu'elle exige seraient autrement nécessaires pour renforcer la structure de l'entreprise en cours de développement. Alors, il est préférable de laisser le courant vous porter.
2. Les petites entreprises peuvent souhaiter ne pas trop attirer l'attention de leurs concurrents plus puissants. En vous laissant doucement porter, vous avez moins de chances de vous faire remarquer. Et même si cela arrive, vos concurrents pourraient considérer que vous ne représentez pas réellement une menace dans la mesure où votre programme marketing se développe au niveau de la région.

L'agressivité paie

Quoi qu'il en soit, ne sacrifiez jamais l'efficacité en baissant le ton de votre campagne. Même si votre entreprise est petite, soyez agressif.

De nombreuses entreprises hésitent à lancer des opérations de marketing agressives parce qu'elles ne veulent pas heurter leurs concurrents.

Il semble qu'elles donnent plus de poids à la confraternité qui s'exprime à la convention annuelle de la profession qu'à tout le reste, y compris à l'efficacité de leurs programmes de marketing.

C'est une erreur. Heurtez-les. Vos ennemis ne vous en respecteront que plus.

Le respect remue bien plus de marchandises que l'amitié. Dans ce pays, nous achetons 42 fois d'automobiles chez nos anciens ennemis, les Allemands et les Japonais, que chez nos amis, les Anglais et les Français.

Si vous voulez que quelqu'un vous aime, soyez gentil. Si vous voulez que quelqu'un vous respecte... et se fournisse chez vous... tapez-lui dessus !

Chapitre 17

Conservez le cap

Une fois que l'opération est lancée, votre nouveau problème est désormais de conserver le cap. Et c'est bien là la mission la plus difficile à remplir.

Beaucoup de cadres ne comprennent pas la nature intrinsèque de la stratégie. Ils considèrent que la stratégie est limitée sur une période donnée, un peu comme de la planification stratégique à long terme.

La stratégie se développe au cours du temps mais n'est aucunement bornée. La stratégie marketing doit être cohérente.

C'est pourquoi une planification sur cinq ans n'a pas de sens. Si vous possédez le véhicule tactiquement le plus au point et si vous avez choisi la meilleure route stratégiquement, est-il sensé de fixer des objectifs pour la première, la deuxième année et ainsi de suite ?

Ralentissez-vous à la fin de la première année parce que vous avez dépassé votre objectif ? Accélérez-vous si vous avez manqué votre but ? Si c'est le cas, vous avez intérêt à choisir un autre chauffeur.

En marketing, comme dans une course automobile, pour vaincre il faut foncer tout le temps.

En outre, l'existence d'un plan à cinq ans dont les ventes soient satisfaisantes vous incite à sous-estimer l'importance de vos concurrents. Vous ne pouvez pas prédire l'avenir parce que vous ne pouvez pas prévoir ce que vos concurrents peuvent imaginer.

Au cours de la Seconde Guerre mondiale par exemple, l'opération alliée, baptisée Garden-Market, s'est écrasée sur une division blindée allemande. (Pour que cette opération réussisse, les troupes du maréchal Montgomery devaient prendre cinq ponts dans la foulée. Quatre sur cinq ne suffisaient pas et c'est pour cela que l'opération a échoué.) Comment les plans à long terme d'IBM relatifs aux grosses machines auraient-ils pu prévoir l'apparition du micro-ordinateur ?

Ainsi, pour garder le cap initial, il faut impérativement se diriger vers le but choisi tout en surveillant les manœuvres de la concurrence.

Commandez sur le front

Pour garder le cap, vous devez avoir de bonnes lignes de communication avec le front. Un grand nombre de hauts dirigeants sont coupés de ce qui se passe réellement. La meilleure manière d'éviter cette situation est de se rendre sur le terrain soi-même.

Prenons l'exemple de la bataille de France. Où étaient les chefs des divisions blindées allemandes pendant les premiers jours si décisifs ? En première ligne.

Rommel, en particulier, croyait fermement que la place d'un chef était là où les choses se passent. Au cours du franchissement de la Meuse, l'obstacle à l'invasion de la France le plus important, il était là, sur la rive, pour aider ses troupes à embarquer les tanks sur les barges de transbordement.

Dans la guerre de marketing, les meilleurs responsables sont ceux qui commandent à partir des premières lignes. Au cours des guerres de l'automobile, par exemple, le style de commandement de Lee Iaccoca est bien préférable à celui de Roger Smith.

Renforcez le succès

Renforcez le succès. Abandonnez les échecs. Cette maxime militaire ancienne est souvent méconnue dans le domaine du commerce.

L'essence du succès militaire est d'alimenter en carburant, en vivres et en munitions les commandants des divisions blindées qui progressent le plus vite, et de mettre à la diète les divisions blindées qui sont bloquées.

La plupart des entreprises font exactement le contraire. Supposons, par exemple, qu'une entreprise dispose de cinq gammes de produits. Trois sont rentables, les deux autres non. Devinez à qui le management accorde le plus de temps et d'attention ? Vous avez gagné, aux perdants.

Supprimez les perdants. Répartissez les ressources entre les gagnants. Voilà de la bonne stratégie militaire, et également de la bonne stratégie marketing.

Une des raisons pour lesquelles les cadres hésitent à éliminer les perdants est qu'ils ont peur de ternir leur propre réputation. Aussi continuent-t-ils à les soutenir.

Et d'où vient l'argent nécessaire ? Vous avez encore gagné, des produits gagnants.

Les cadres justifient souvent ces décisions en prédisant des lendemains qui chantent... toujours dans trois à cinq ans. Plus les pertes sont importantes, plus les prédictions se colorent d'espérance.

Et pourtant, en marketing, l'expérience montre que c'est généralement le contraire qui est vrai.

Les pertes initiales sont souvent suivies de pertes encore plus élevées à mesure que le perdant tente d'effacer l'échec. L'attaque de RCA contre la position d'IBM en informatique en est un exemple.

Par contre, les succès initiaux sont généralement suivis de profits encore plus élevés. Quand Xerox a lancé la 914, celle-ci a connu une réussite immédiate.

Les entreprises qui continuent à injecter des fonds dans des causes perdues devraient imiter Federal Express. Vous ne pouvez pas vivre dans le futur.

Vous ne pouvez vivre que dans le présent. Federal Express a liquidé Zapmail parce que c'était une aventure sans espoir. Trois ans de plus et Zapmail aurait mis Federal Express dans une situation très difficile.

Quand vous abandonnez un échec, vous êtes dans une meilleure situation financière et en mesure de renforcer le succès quand il se présente.

Restez centralisé

Les entreprises qui vivent une croissance rapide sont généralement centralisées. Ce n'est qu'après avoir réussi sur une grande échelle qu'elles décident de se décentraliser. « Nous sommes devenus trop grand pour continuer à suivre toutes nos divisions. »

Et c'est alors que leur croissance ralentit brusquement.

Une entreprise décentralisée est généralement plus proche du terrain, mais elle est généralement incapable de transcender une tactique efficace en stratégie.

Les différentes divisions peuvent savoir ce qui se passe, elles peuvent enregistrer un grand nombre de succès tactiques, mais elles ne sont pas organisées pour jouer le jeu du marketing participatif. Elles ne peuvent pas passer d'un succès tactique à une stratégie de groupe unique.

Prenez ITT, par exemple, qui est devenu un fouillis ingouvernable. La plupart des entreprises acquises par Harold Geneen sont en passe d'être vendues mais le vrai problème touche le cœur même du métier d'ITT : les télécommunications. Dans l'état actuel des choses, ITT, IBM et AT&T devraient se tenir dans un mouchoir. Voilà encore un exemple de la dispersion des ressources entre de nombreuses batailles secondaires alors qu'il aurait fallu les concentrer sur l'événement principal.

Pour ajouter l'injure à l'outrage, ITT a jeté l'éponge dans le combat pour le marché des télécommunications. Le joyau de la couronne ITT, ITT Télécommunications, est aujourd'hui la propriété de la Compagnie Générale d'Electricité, un holding français, un moment nationalisé.

La guerre ne connaît pas de décentralisation. Une armée n'entre jamais en campagne avec une organisation décentralisée. Pas un général d'armée n'autoriserait ses subordonnés à agir de manière autonome. Bien au contraire, le commandant en chef garde un contrôle étroit sur chaque unité. Gare au divisionnaire qui n'attaquera pas au moment voulu ou n'arrêtera pas ses troupes sur la ligne prévue.

A l'heure actuelle, certaines entreprises traditionnellement décentralisées sont en train d'évoluer. A la General Electric, par exemple, Jack Welch resserre l'étau autour de l'organisation avec des résultats significatifs. John Reed fait de même à la Citibank.

Mais ce sont là des exceptions. Au moment où les grandes entreprises ont particulièrement besoin de grands penseurs, la plupart d'entre elles prennent la direction opposée. En utilisant la décentralisation comme un alibi pour rester en dehors de la bataille, leurs dirigeants rendent un bien mauvais service, à eux-mêmes comme à leur entreprise.

Centralisez

La décentralisation consiste à pousser le processus de planification vers le bas de l'échelle. Une des entreprises de la liste des 500 de *Fortune* vantait le fait que la moitié de ses managers étaient engagés dans la planification stratégique. (Dans la Troisième Armée de Patton, il y avait 150 généraux et un seul planificateur stratégique.)

Plus il y a de personnes engagées dans la planification stratégique, moins il y a de chances que l'entreprise élabore une stratégie brillante. Les entreprises doivent pousser la réflexion stratégique vers le haut, et non pas vers le bas.

Il y a là un paradoxe. Pour trouver une tactique victorieuse, vous devez vous rapprocher du front. Pour la transformer en stratégie, il est plus commode d'être à proximité du sommet de l'organisation.

Au premier abord, il pourrait sembler qu'une entreprise décentralisée est plus proche du terrain. Il n'en est rien parce qu'elle ne possède aucun moyen de trouver une tactique qui puisse s'intégrer à un axe cohérent de marketing.

Une entreprise décentralisée est comme une pieuvre qui possède une grande sensibilité au niveau de chaque tentacule mais qui est dépourvue d'un cerveau pour choisir l'une d'entre elles et la transformer en stratégie. Le corps est plein de bonne volonté, mais l'esprit est faible.

C'est le goût du risque des dirigeants qui fait les frais de la décentralisation. Les dirigeants ne sont pas fous ; ils savent bien que s'ils arrivent à dépasser la « ligne de mire », ils peuvent atteindre le sommet de leur organisation où un parachute doré les attend pour amortir leur chute en cas de fusion.

Il est facile de dire si vous êtes en dessous ou au-dessus de la ligne de mire. Vous êtes en dessous si vous pouvez être renvoyé pour ne pas avoir atteint vos objectifs. Sinon, vous êtes au-dessus.

Quand vous êtes au-dessus de la ligne de mire, vos objectifs n'ont plus rien de personnel. Bien sûr, en cas de réussite, le crédit vous en est attribué et vous jouissez du luxe de blâmer les autres en cas d'échec. Votre poste est assuré. Certes, c'est une position agréable à occuper, mais quand même éloignée des affaires en tant que telles.

Vous êtes devenu une autre figure de proue du bateau amiral de l'entreprise.

Concentrez

A mesure que la décentralisation a déplacé la ligne vers le bas, les entreprises se sont retrouvées divisées en une série de fiefs divers, aucun suffisamment puissant pour lancer tout seul des programmes conséquents. Aussi, dans de nombreux cas, le marketing a dégénéré en une accumulation d'opérations de maintien. Vous pourriez qualifier cette situation de guerre de tranchées du monde commercial.

Aujourd'hui, la plus grande des opportunités est de renverser le processus de décentralisation. Les entreprises doivent commencer à renforcer les différentes unités de manière à les rendre suffisamment grandes et puissantes pour lancer des campagnes de marketing efficaces.

Hewlett-Packard, par exemple, comportait trois divisions autonomes qui fabriquaient des ordinateurs différents et incompatibles, tous destinés au même marché. Les consommateurs se sont alors plaints de l'absence d'une stratégie cohérente.

Aussi, HP supprima l'autonomie de ces divisions, les regroupant en une seule unité placée sous l'autorité d'un patron unique. Premier résultat : les produits ont été rendus compatibles technologiquement.

La décentralisation coupe les directeurs du groupe du bruit et de la confusion qui règnent sur le champ de bataille. Elle entraîne la destruction de leur « sens de la bataille », une qualité rare dont étaient doués Alexandre le Grand, Napoléon et d'autres grands chefs militaires.

Le commerce pleure aujourd'hui après des maréchaux, hommes et femmes prêts à accepter la totale responsabilité de la planification et de la direction d'une campagne de marketing.

Et l'on pense au PDG de Burger King, J. Jeffrey Campbell, qui a été promu PDG du groupe de restauration de Pillsbury au moment même où sa présence à la tête de Burger King était plus que jamais indispensable.

Méfiez-vous des blessés

Quand une nouvelle stratégie de marketing remplace ou corrige une idée ou une méthode ancienne, elle peut blesser certains membres de l'organisation. Méfiez-vous d'eux.

Même si les instigateurs de la nouvelle idée n'en sont pas conscients, leurs efforts peuvent avoir mis dans l'embarras les défenseurs de l'ancienne idée ou les tenants du *statu quo*. Au lieu d'accepter sa défaite avec grâce, le vaincu bat en retraite et, tapi dans l'ombre, guette l'occasion de couper les ailes à l'idée nouvelle avant qu'elle n'ait gagné suffisamment de puissance.

L'ennemi intérieur peut être aussi dangereux pour votre nouveau programme que vos concurrents.

Chapitre 18

Sachez apprécier votre succès

Vous avez choisi une tactique qui, vous le savez, va réussir, votre stratégie de renforcement de la tactique à long terme est élaborée, votre opération a été lancée selon la méthode du big bang. Comment pouvez-vous apprécier son succès ?

D'abord, il faut que vous sachiez quoi rechercher. N'attendez pas un succès financier immédiat, attendez plutôt quelque indice prouvant que l'on parle de votre message marketing.

En d'autres termes, la première étape du cycle d'achat est la sensibilisation.

Federal Express n'a pas été un succès financier immédiat, mais l'entreprise a été l'objet d'un grand nombre d'articles favorables dans la presse.

Il arrive même parfois que des anecdotes négatives indiquent que le message marketing commence à pénétrer l'esprit du prospect. Quand Honda a lancé son Acura, aujourd'hui un énorme succès, les premières réactions de la presse ont été catastrophiques. « Honda connaît ses premiers déboires dans sa tentative de pénétration du marché des voitures de luxe », disait un titre du *Wall Street Journal.*

Comme une tendance, un succès de marketing à long terme commence généralement plutôt lentement, puis gagne de la puissance.

Si les ventes augmentent trop vite, vous pouvez avoir sur les bras un phénomène de mode. Méfiez-vous, la chute pourrait être sévère. (Les jeux vidéo et le *hula hoop* en sont deux exemples.)

Les marchés se développent par vagues. En premier, les consommateurs qui s'adaptent tout de suite. Ils sont les « premiers sur le coup » ; souvent lecteurs de journaux de défense des consommateurs, ils se prennent pour des experts. La manière dont vous attirez ces clients « influents » est un élément important pour évaluer votre succès initial.

Le malaise de la concurrence, bien que difficile à recueillir, est un autre élément d'évaluation. Si vos concurrents vous menacent de poursuites, vous savez que votre stratégie a pincé une corde sensible. (A cet égard, la plainte de McDonald's contre Burger King à propos du concept « griller et non pas frire » est symptomatique.)

Les journaux professionnels peuvent jouer un rôle tout aussi important que la presse de défense du consommateur. Si votre programme commence à être remarqué et à faire l'objet d'articles, c'est que vous avez éveillé l'intérêt de ceux dont le travail est de couvrir votre industrie.

Et s'ils sont impressionnés, vous avez des chances d'impressionner vos prospects. Inversement, si vous avez du mal à intéresser ou à passionner la presse, vous risquez d'être bien mal parti.

Pas de nouvelles, mauvaises nouvelles.

Ce n'est pas l'ampleur du succès qui compte, c'est son influence. Tant que les choses bougent dans la bonne direction, vous créez un mouvement difficile à stopper par vos concurrents.

Enfin, ne dissociez pas votre publicité de vos ventes comme le font de nombreuses entreprises. « Il est très difficile de lier directement la réussite commerciale à la publicité » remarque le vice-président de R. J. Reynolds, responsable du marketing. « Une entreprise ou une marque peuvent présenter de mauvais résultats malgré une bonne publicité. »

Le marketing est une bataille qui se mène dans la tête des prospects. Une bonne publicité agit sur ces esprits. Si ce n'est pas le cas, c'est que la publicité n'est pas bonne, quel que soit le nombre de distinctions décernées.

Le refrain de Madison Avenue : *il est facile d'obtenir une récompense pour une publicité qui n'a rien à vendre.*

Chapitre 19

Foncez

« Abondance de biens ne nuit pas. »

Quand vous avez entre les mains un jeu gagnant, vous êtes prêt à tout risquer. Vous voulez foncer. Votre meilleure défense contre la concurrence est d'investir de manière importante. Si vous n'agissez pas assez vite, vous risquez de laisser vos concurrents récolter les fruits de ce que vous avez semé.

Un de vos problèmes est le budget annuel. Bien que ce soit une bonne manière de suivre l'état des finances de l'entreprise, elle manque de flexibilité pour gérer au mieux des situations en évolution.

Pouvez-vous imaginer une guerre financée sur un budget annuel ? Cela donnerait à peu près ceci : « Désolé, colonel, mais il vous faudra attendre janvier pour recevoir des renforts. Nous aurons notre nouveau budget à cette date. » Le problème est ici celui de l'occasion manquée.

Le lancement de votre programme pourrait se traduire par une grossière erreur d'appréciation, compte tenu des réactions de votre concurrent principal. L'exploitation de votre percée exige une forte augmentation du financement et de vos efforts commerciaux. Au moment où le budget de l'année prochaine sera voté, il sera peut-être trop tard.

Visez les parts de marché non pas les profits

A mesure que le marché se cristallise, votre objectif prioritaire doit être d'en conquérir la part la plus importante.

Trop d'entreprises se précipitent sur les profits avant de consolider leur position.

Ce ne sont ni les produits ni les services qui rendent une entreprise puissante mais les positions qu'ils occupent dans l'esprit des gens.

La force de Hertz réside dans sa position de leader, non pas dans la qualité de son service de location de voitures. Il est plus facile de rester en tête que d'y parvenir.

Pouvez-vous citer une entreprise qui a détrôné un leader? Crest, dans les pâtes dentifrices, et encore ce fut grâce à l'aide de l'association américaine des dentistes. Budweiser y est parvenu pour la bière et Marlboro, pour les cigarettes. Mais la chose est rare.

Une analyse des vingt-cinq marques leader depuis 1923 en est une preuve. Aujourd'hui encore, vingt d'entre elles occupent toujours la première place, quatre la seconde place et une la cinquième.

Même les modifications de classement sont rares. Si le marketing était une course de chevaux, ce serait une affaire sans intérêt. Depuis la fin de la Seconde Guerre mondiale, en 43 ans, il n'y a eu qu'une seule modification de classement parmi les trois premiers constructeurs automobiles américains.

En 1950, Ford est passé devant Chrysler pour occuper la seconde place. Depuis, le classement n'a pas changé; dans l'ordre : General Motors, Ford, Chrysler. Ne trouvez-vous pas ça un peu monotone?

Cette tendance, à laquelle obéissent les entreprises ou les marques gardant la même position à mesure que les années passent, souligne l'importance de s'assurer une bonne position dès le début. Il n'est pas facile d'améliorer votre position, mais une fois que vous y êtes parvenu, il devient relativement facile de s'y maintenir.

Démarquez-vous du peloton

Si le marketing était une course de chevaux, vous verriez clairement à quel point il est important de se dégager très tôt du peloton.

Quand le ministère américain de la Santé a donné le feu vert à la commercialisation de la molécule d'ibuprofène, l'American Home Products s'est empressée de se placer en tête du marché.

Non seulement, l'American Home Products a lancé Advil (nom commercial de l'ibuprofène) avec un gigantesque effort de publicité mais elle en a également développé la production. En réalité, elle avait fabriqué le produit avant même qu'il ait reçu son visa d'exploitation.

Si ce visa n'avait pas été accordé, des millions de dollars d'Advil auraient dû passer à la poubelle. Mais les efforts ont payé. Aujourd'hui, Advil est la marque dominante sur le marché de l'ibuprofène.

Quand vous atteignez le sommet, assurez-vous que le marché en soit informé. Trop d'entreprises considèrent que leur première place va de soi et négligent de l'exploiter. Le résultat en est que la porte reste ouverte à la concurrence. Si vous en avez l'occasion, claquez leur la porte au nez. Les Américains adorent les challengers mais ils préfèrent acheter chez les gagnants.

Ne financez jamais les produits perdants de l'entreprise avec les profits des gagnants. C'est une astuce comptable courante pratiquée par les entreprises qui fabriquent plusieurs produits. Cela vous empêche d'attribuer des ressources supplémentaires à vos produits gagnants.

L'attaque audacieuse et unique que vous êtes en train de lancer exige beaucoup d'argent pour garder son élan. S'endormir prématurément sur des lauriers mal cueillis vous transforme en une proie facile.

Dépensez l'argent dès aujourd'hui et demain se passera bien.

Chapitre 20

Réduisez vos pertes

« En ce monde, écrivait Benjamin Franklin, rien n'est certain sinon la mort et les impôts. »

Dans le monde du marketing, le succès certain n'existe pas. S'il existait, le jeu ne serait pas le défi qu'il est.

Si votre programme marketing ne fait pas avancer les choses, préparez-vous à réduire vos pertes. Il n'est pas sage de lutter jusqu'au dernier homme ou la dernière femme.

Mais l'Amérique des grandes entreprises pense le contraire. Admettre l'échec c'est s'exposer à être mal noté. Faire des efforts envers et contre tout, c'est être inscrit au tableau d'honneur. Et quand les affaires vont vraiment mal, la réponse que l'entreprise attend de vous, c'est que vous alliez jusqu'au bout de vous-même.

Pour chaque dirigeant qui réussit contre toute attente, il existe des centaines de commandos anonymes qui sont morts en tentant ces efforts inutiles.

L'Amérique des grandes entreprises a été formée à la charge, pas à la retraite en bon ordre. « Tout ce dont nous avons besoin, c'est de faire plus d'efforts pour les vendre », est le cri de ralliement des troupes dans leurs tranchées. A l'assaut ! Et les pertes continuent à s'accumuler.

La vérité est que les batailles de marketing ne sont jamais perdues faute d'efforts. Elles sont perdues pour trois raisons : (1) votre stratégie est erronée, (2) vous tentez une opération qui excède vos ressources ou (3) vous subissez l'inattendu.

Peut-être que la nature de votre marché a changé ? Peut-être que votre concurrent a imaginé une stratégie plus efficace que la vôtre ?

Le facteur chance

Et puis il y a la chance. A la guerre comme en marketing, le facteur chance joue un rôle capital.

Donald Trump et John Connally ont opéré de la même manière, ils ont acheté tout ce qui était à vendre. Aujourd'hui l'un vaut des milliards, l'autre est ruiné (encore que la chance du premier semble être en train de tourner. Peut-être a-t-il trop tiré sur la ficelle ?

Quelle différence existe-t-il entre le grand Don et le grand John ? Environ 2500 km et 3 milliards de dollars.

Trump a eu la chance d'acheter Manhattan au bon moment, et Connally, la malchance d'acheter le Texas au mauvais moment.

Faire des efforts supplémentaires n'aurait pas amélioré la position de M. Connally. La situation est difficile au Texas. (En une seule année, vingt caisses d'épargne texanes ont perdu plus de quatre milliards de dollars. Si une banque n'arrive pas à gagner de l'argent, que pensez-vous que puisse faire le citoyen lambda ?)

La retraite en bon ordre

Voilà qui devrait faire l'objet d'un enseignement en bonne et due forme à la Harvard Business School.

De nombreux cadres considèrent le marketing comme si la bataille actuellement en cours devait être la dernière. Mais le marketing est une suite de batailles. L'essentiel est d'en gagner plus que votre concurrent. Consacrer vos ressources à une cause perdue, c'est obérer fortement vos chances de gagner la suivante.

Si votre tactique actuelle semble piétiner, plus tôt vous arrêterez les frais, plus vite vous pourrez tenter une approche nouvelle. Et en outre, plus vite vous interromprez une approche tactique perdante, plus vous disposerez de ressources pour en tenter une autre.

Est-ce que vous perdrez une occasion en or en brandissant le drapeau blanc trop tôt ? Ce danger existe toujours. Le marketing est un pari.

L'expérience montre, cependant, que les indices du succès apparaissent très tôt lorsque des stratégies victorieuses sont mises en œuvre. Si ces indices n'existent pas, vos chances sont faibles.

L'aspect le plus dangereux de « la planification stratégique à long terme » est l'hypothèse que la mise en œuvre d'un projet à long terme vraiment important va toujours à court terme générer des pertes. C'est sur la base de cette hypothèse que la direction continue souvent à injecter des dollars dans l'attente des œufs d'or futurs.

USA Today a coûté à Gannett quelques 470 millions de dollars au cours de ses quatre premières années. Les œufs d'or seront-ils pour demain ? N'y comptez pas.

En réalité, les succès à long terme présentent les indices du succès dès le jour J. Et les grands désastres financiers se reconnaissent généralement dès le premier jour également.

Les guerres nous apprennent la même leçon. En général, les attaques sont victorieuses immédiatement. Les divisions blindées allemandes ont percé les lignes françaises à Sedan et n'ont pas pu être arrêtées ensuite.

Par contre à Verdun, au cours de la Première Guerre mondiale, les premières attaques allemandes furent des échecs. Ceux-ci ont été confirmés à mesure que l'offensive continuait avec son cortège de résultats prévisibles et de pertes effroyables.

De nombreuses entreprises adoptent cette même méthode des « vagues humaines » en marketing. Elles investissent plus de vendeurs, plus de publicité, plus de tout, dans une bataille où les chances de succès sont faibles. Elles maintiennent une situation qu'il serait plus avantageux de supprimer.

Regroupez vos forces. Trouvez une autre tactique et modifiez votre stratégie. L'étude des raisons fondamentales de l'échec de votre premier projet vous donnera probablement les idées dont vous avez besoin pour réussir votre prochaine tentative.

Vous apprendrez plus de vos échecs que de vos succès. « Montrez moi un milliardaire, a dit un jour quelqu'un, et je vous montrerai quelqu'un qui a été ruiné au moins trois fois. »

Chapitre 21

Jouez le jeu

La plupart des gens de marketing font le même rêve. Ils se voient assis au bout de la table de réunion, donnant des ordres à une armée de subalternes.

Derrière, une batterie de terminaux d'ordinateurs par lesquels ces ordres sont injectés dans un réseau international.

Chaque jour, c'est la visite d'un dignitaire respectueux et porteur d'un message : « Félicitations, vous avez encore remporté une nouvelle victoire de marketing en Roumanie. »

Chaque semaine, un hélicoptère vous dépose sur l'aéroport local où le jet de l'entreprise vous attend pour vous mener quelque part dans le monde où le tapis rouge sera déroulé pour votre voyage d'inspection. Rien de trop fatigant, bien sûr. Le but de la chose est de montrer le drapeau du groupe à Paris comme à Vienne.

Ah, les avantages d'être le plus grand stratège au monde en matière de marketing ! Evidemment, il ne s'agit pas uniquement d'argent et de célébrité. Il s'agit aussi de la passion du chasseur.

Et puis, il y a aussi votre formation. Vous êtes évidemment diplômé à la fois de Yale et de la Harvard Business School, aussi votre pensée n'est pas une pensée provinciale.

Et si c'est là votre rêve, ce livre ne peut pas grand chose pour vous.

Allez au charbon

Le *Marketing participatif* vous offre justement le contraire. Pour devenir un grand stratège, il faut aller au charbon. Vous devez tirer votre inspiration du terrain, dans le flux et le reflux des grandes batailles de marketing menées dans l'esprit du client éventuel.

Ce n'est un secret pour personne : les plus grands stratèges militaires ont commencé au bas de l'échelle. Et ils sont restés performants parce qu'ils n'ont jamais perdu le contact avec les réalités de la guerre.

Carl von Clausewitz n'a pas suivi les meilleures écoles militaires, il n'a pas servi sous les plus grands chefs militaires de son temps, il n'a pas appris son métier auprès de ses supérieurs.

Il a appris sa stratégie militaire de la meilleure mais de la plus dure des manières. En servant sur le front au cours des batailles les plus sanglantes et les plus fameuses de l'histoire militaire.

Iéna, Borodino, la Bérésina, Waterloo. Clausewitz y était, observant quelles tactiques étaient victorieuses et lesquelles ne l'étaient pas.

Chacun des grands principes stratégiques conçus dans l'esprit de Clausewitz est né dans la boue des champs de bataille, où il voyait les hommes vivre et mourir, où il assistait aux victoires et aux défaites.

Cameron Mackintosh le producteur des *Chats*, des *Misérables* et du *Fantôme de l'Opéra*, les trois comédies musicales les plus réussies de l'époque actuelle, a commencé sa carrière à 18 ans comme machiniste. Plus tard, il devint régisseur d'un spectacle ambulant. A 23 ans, il produisit son premier spectacle, un échec qui fut une perte totale pour ceux qui le finançaient.

Mais il persista, en produisant des tournées reprenant les versions britanniques de *My Fair Lady* et d'*Oklahoma !*

« J'ai beaucoup appris sur l'art de la comédie musicale en travaillant ces classiques » a-t-il dit. « Aujourd'hui, je suis un producteur professionnel, concerné par tous les aspects d'une production. »

Si vous voulez poursuivre une grande pensée stratégique, vous ne pouvez pas éviter de vous immerger dans la tactique, qu'elle soit celle des batailles militaires, musicales ou de marketing.

Gates, Monaghan et Smith

A la guerre comme en marketing, la tactique gouverne la stratégie. Les plus grands succès stratégiques de ces dernières décennies ont été conçus par des individus qui étaient complètement en phase avec le marché tactique qu'ils ont fini par dominer.

Prenez William H. Gates III de Microsoft, la plus grande société de logiciels du monde. Exclu d'Harvard, le plus jeune programmeur du monde, Gates devint le plus jeune des PDG de la liste des 1 000 entreprises de *Fortune*.

Est-il difficile d'en conclure que Bill Gates est un grand stratège industriel parce qu'il connaît parfaitement les problèmes tactiques qui existent dans son domaine ? Il serait plutôt difficile de conclure le contraire.

Et Thomas S. Monaghan, de Domino's, la plus grande chaîne du monde de livraison de pizzas à domicile ?

Monaghan était à peine émoulu du lycée quand il a acheté une boutique de pizzas à Ypsilanti avec un prêt de 900 dollars. Aujourd'hui, la chaîne comporte 4 000 points de ventes qui rapportent presque 2 milliards de dollars par an.

Monaghan a livré plus de pizzas que presque quiconque au monde. Vous pourriez dire que sa stratégie lève comme de la pâte à pain.

Et Frederick W. Smith de Federal Express, la plus grande compagnie au monde de fret aérien.

Pendant que Monaghan distribuait des pizzas, Smith pilotait des avions au Vietnam en pensant à une nouvelle manière de traiter le fret aérien.

Aujourd'hui, Federal Express est une compagnie milliardaire qui domine le transport de fret aérien de nuit avec plus de 50 % du marché.

Smith, Monaghan et Gates ont été tous les trois tout à fait concernés par les opérations tactiques, et leurs entreprises ont mis en œuvre de brillantes stratégies qui les ont propulsées au sommet. Leurs tactiques ont gouverné leurs stratégies.

Et vous ?

Quelles sont vos chances d'atteindre le sommet comme Bill Gates, Tom Monaghan et Fred Smith ?

Faibles. La chance joue dans les deux sens. Pour réussir, il faut que vous ayez la bonne idée, au bon moment et au bon endroit.

Mais le marketing n'est pas seulement le sentiment de la victoire ou l'agonie de la défaite. C'est aussi un jeu. Et de jouer le jeu peut être en soi une récompense.

Pour bien jouer, il faut que vous commenciez tout en bas. Peut-être pas exactement aussi bas que Tom Monaghan physiquement parlant, mais mentalement en tout cas.

Vous devez concentrer votre esprit sur la tactique de la bataille que vous voulez gagner. Vous devez vous concentrer sur vos concurrents, sur leurs forces et leurs faiblesses. Vous devez rechercher cette tactique essentielle qui va s'appliquer au champ de bataille.

Vous devrez alors ramasser tous vos efforts pour développer une stratégie cohérente qui exploitera cette tactique unique.

Vous devrez avoir la volonté d'effectuer les changements nécessaires dans votre entreprise pour exploiter toutes les occasions offertes par l'environnement externe. Mais n'oubliez pas que vous ne pouvez pas modifier celui-ci. Alors n'essayez même pas ; changez votre organisation.

Vous ne pouvez pas être tout pour tout le monde. Sachez résister à la tentation de disperser vos forces, de mener simultanément des douzaines de petites batailles qui gaspilleront vos ressources et vous enlèveront la possibilité de gagner la grande.

En outre, vous devrez avoir la volonté de changer votre stratégie si elle n'est pas victorieuse. Personne ne peut prévoir l'avenir. La vie est un pari. Le marketing est un pari.

Mais si vous pensez bien, si vous allez sur le terrain, si vous trouvez une tactique qui fonctionne et si vous la transformez en stratégie, alors vos chances de succès seront considérables.

Même si votre victoire de marketing ne s'inscrit pas dans les livres d'histoire, le succès s'inscrira toujours au crédit de votre compte en banque.

Index des sujets

agressivité, 194-195
angle d'attaque mental et concurrentiel, 9-11

capital, besoin en, 37, 171-172
capital risque, 37
carrière professionnelle, 164-165
centralisation, 196-199
cible, 135-142
  changement, 135-139
client, tactique orientée vers le, 82-83
  voir aussi marché, prospect
« commission de référencement », 67
communication, 2
concentration des forces, 57-79, 60-62, 143-145
  communication et, 64-65
  distribution et, 77-78
concept, 90-93
concurrence
  auto-, 86-87
  évaluation, 119-120
  extension de gamme et, 69
  malaise de la, 202
  tactique basée sur, 83-85
consommateur
  désirs, 51
  facilité d'adaptation, 202
contournement, 83

demande, 95-96, 98
décentralisation, 196-199
délégation, 30
détails, importance des, 30-31
distribution, 77-78, 145-146

emploi comme mesure de croissance, 32
entrepreneur, 37, 173-174
entreprise
  changement de nom, 125-126
  dirigée stratégiquement, 188
  dirigée tactiquement, 188-189
  modifications internes, 112-113
  tactique orientée vers, 81-82
  taille, 28
  voir aussi organisation de l'entreprise
extension de gamme, 65-69
  inconvénients, 85-86, 159-160
  contraire, 72
  paradoxe, 70-71

financement, 171-176

force de vente, 156-157
information et, 29

gamme de produits, 159-160
voir aussi extension de gamme
généraliste, 70, 143-145
global, marketing, 169-170

images, 64-65
tendances et, 41-42
informations
importance, 24-30
récolte, 29-30

journaux professionnels, 202

lancement de la campagne, 185-191
agressivité, 191
approche commerciale, 186-187
approche militaire, 186
méthode du big bang, 189-190
méthode du courant porteur, 190-191
losers, produits, 134-135
abandon, 195-196, 209-212

marché
cible et, 139-142
développement, 202
modification, 112-113, 124-125
part de, 205-206
marketing, direction cohérente, 11-12
global, 169-170
mentalité, changement de, 130-132
modes, 55-56
tendances et, 47-49

nom
changement, 125-128
stratégie et, 168-169

objectivité, 176-184
observations, importance des, 24
occasions, 26-28
organigramme, 166-167
organisation de l'entreprise
hiérarchie, 35-36
limites, 32-37, 166-168
méthode japonaise, 20-22
PDG, 28-30, 32-34
orientation marketing
cohérente, 11-12

parrainage, 165-166
PDG
disponibilité, 29-30
isolement, 28-30
problèmes, 32-34
planification directive ou participative, 17-18
presse, 157-158
professionnelle, 202
prévisions et tendances, 43-46
prix, 129-130
relations avec la demande, 95-96
produit
abandon, 134-135, 195-196, 209-212
aspects négatifs, 93-95
concept et, 90-92

modifications, 128-129
voir aussi gamme de produits
prospect, 24, 153-154
voir aussi consommateur, client
publicité, 151-153, 202-203
agences, 177-184
ventes et, 202

recherche, 52
réalité et tendances, 41-43, 54-55

service, modification du, 128-129
stratégie
but, 16-17
définition, 11-12
élaboration, 103-113
nom de marque et, 168-169
objectif unique et, 106-108
prédictions et, 43-46
présentation, 161-170
tactiques et, 2-18
test, 151-160
succès
évaluation, 201-203
renforcement, 195-196

tactique
aspects négatifs et, 93-95
choix, 154-156, 177-178
définition, 9-11
évidence et, 178-179
fondée sur l'entreprise, 81-82
fondée sur la concurrence, 83-85
fondée sur le client, 82-83
simplicité, 87-88
stratégie et, 178-179
tendances, 39-55
créées, 46-47
désirs et, 51
images et, 41-42
inversées, 52-54
modes et, 47-49
observation, 98-99
prévisions et, 43-46
réalité et, 41-43, 54-55

ventes et publicité, 202

Index des personnes et sociétés citées

Adolph Coors Company, 26-27, 160
Akers, John, 91
Alda, Alan, 91, 127
Alexander's, 78
All American Gourmet Company, 53
American Airlines, 83, 129, 159
American Home Products, 207
American Motors, 59-60, 108
Anheuser-Busch, 63, 160, 206
Apple Computer, 8, 90-92, 190
AT&T, 75
Audi, 156
Avis, 152-153, 158
Avon, 44, 115-122
AYDS, 127

Bally, 130
Baxter Travenol, 77
Benetton, 77
Bernbach, Bill, 152
Best, Connie, 31
BMW, 89-90, 109-110, 147-149,
Braniff, 51
Burger King, 14, 44, 84, 137-139, 141, 199, 202

Calvin Klein, 117
Campbell, J. Jeffrey, 199
Cappy, Joseph E., 59
Carlson, Chester, 32
Castrol, 73
Celeron Corporation, 75
Chaplin, Charlie, 91
Chrysler, 60, 108, 208
Citibank, 197
Coca-Cola, 46, 63, 68, 73, 85, 110-113, 137, 140-141, 159-160, 172
Colgate-Palmolive, 68
Collier, Sophia, 31
Compagnie Générale d'Electricité, 197
Compaq, 91
Connally, John, 210
Conoco, 76
Cray, 8, 73, 91
Crest, 206
Cuisinart, 69

Dart, 78
Datsun, 109, 170
DeLorean, John, 136
Del Monte, 70
Delta Airlines, 83-84
Digital Equipment Corporation, 53, 90-92

Disney Studios, 143
Dixie Products, 26
Dole, 70
Domino's Pizza, 10, 17, 72, 104, 174, 188, 215
Doyle Dane Bernbach, 152
Drucker, Peter, 113
Du Pont, 76-77
Duracell, 78
Dyer, Jim, 31

Eastern Airlines, 83
Eckert, J. Presper, 32
Estée Lauder, 117
Eveready, 73
Exxon, 105, 131

Farallon, 32
Federal Express, 37, 43, 195-196, 201, 215
Firestone, 84
Fleischmann's, 71
Ford, 68, 108-109, 149, 209
Frigidaire, 69
Fry, Art, 165

Gannett, 211
Gap, The, 77
Gates, William H., III, 215-216
Geneen, Harlod, 196
General Electric, 7-8, 69, 197
General Motors, 10-11, 28, 30, 54, 63, 68, 83, 85-86, 106, 108-110, 129, 141,
147-150, 168, 173, 206
Gillette, 86-87
Gimbels, 77
Giorgio Inc., 117
Goldsmith, James, 76
Goodyear Tire and Rubber Company, 75-76, 84
Greenspan, Alan, 43-44
Grove, Andrews, 30

Häagen-Dazs, 58-59
Haloid, 127
Hanes, 145-146
Harris, 74
Heinz, 79
Hellmann's, 67,70
Hertz, 152-153, 158-159, 208
Hewlett-Packard, 199
Hobart, 78
Holiday Corporation, 113
Holiday Inns, 31
Honda, 109, 156, 201
Hyundai, 95, 156

Iacocca, Lee, 54, 194
IBM, 90-92, 131, 158, 168, 175
Intel, 30
Interstate Department Store, 144
Isuzu, 156
ITT, 196

Jacobs, Mary Phelps, 31
James, Richard, 31
Johnson & Johnson, 141
Jolly Time, 83
Jones, Reese, 32

Kentucky Fried Chicken, 74
Kodak, 88
Kraft, 70, 78

Lauren, Ralph, 127
Lawrence, Harding, 51
Levitz, 144
Life Savers, 66

Little Caesar's, 103, 104
Love Furniture Store, 144

McDonald's, 44, 84, 137-139, 202
Mackintosh, Cameron, 214
Mahoney, Richard J., 34
Mauchly, John, 32
Maytag, 69
Mazola, 71
MCI, 75
Mercedes-Benz, 83, 89-90, 109, 147-149
Michelin, 84
Microsoft, 215-216
Miller, Ronald L., 143
Miller Brewing, 27, 78-79, 160
Monaghan, Tom, 10, 15-16, 174

National Inquirer, 146
Nestlé, 169-170
Neustadt, Richard E., 34

Ohrbach's, 78
O'Neill, Jack, 19
O'Neill, Inc., 19
Orville Redenbacher Gourmet Popping Corn, 47, 83, 154

Pan Am, 83
Pennzoil, 73
Pepsi-Cola, 45-46, 73-74, 110-112, 136-137, 140-141, 157, 172
Perdue, Frank, 35
Perot, Ross, 28, 148
Philip Morris, 135-136, 139-140, 206
Pillsbury, 14, 54, 58, 154-155, 168, 199
Pizza Hut, 17, 72, 103
Pontiac, 136
Premark International, 78
Preston, James, 117
Procter & Gamble, 66, 71, 180

Quaker State, 73
Quill, 146
Quinn, T. K., 32

RCA, 127, 195
Reed, John, 197
Reliable, 146
Renault, 59
Rolls-Royce, 97

Sambo's restaurants, 127
Sanyo, 127
Sara Lee, 66
Schwab, Charles, 95
Stern, Parfums, 117
Scientific Data Systems, 81
Scott Paper, 65-66
Seagram, 10
Seventeen, 141
Seven-Up Company, 172
Sloan, Alfred P., 109
Smith, Frederick W., 37, 215
Smith, Roger, 11, 28, 194
Smuckers, 70
Soho Natural Soda, 31
Sony, 82, 129
Stafford, John M., 14
Steak & Ale, 54-55
Stouffer's, 47

Sunbeam, 69
Syms, 13

Tandem, 91
Thermofax, 88
3M, 73, 88, 165
Tokuyama, Jiro, 21
Touchstone Pictures, 143
Townsend, Robert, 152
Toyota, 109, 156
Toys "R" Us, 27, 144-145
Trump, Donald, 210
Tupperware, 78
TWA, 83

Unilever, 26
Uniroyal, 135
United Airlines, 83, 159
USAir, 127

Verifax, 88
Vicks, 9
Vlasic, 79
Volkswagen, 10, 12, 54, 63, 83, 95, 129
Volvo, 89

Wang, 74
Waring, 69
Warners Brothers Corset Company, 31
Welch, Jack, 197
Wendy's, 74
Wesson, 71
West Bend, 78
Western Union, 64, 125-126
Wilson, Kemmons, 31
WLTW-FM, 142
Wriston, Walter, 90
Wulff, Kurt, 78
WYNY-FM, 142

Xerox, 66, 73, 74, 81, 87, 125, 127, 195

Yugo, 156

Z-100, 142

IMPRIMERIE LOUIS-JEAN
BP 87 — 05003 GAP Cedex
Tél. : 92.51.35.23
Dépôt légal : 195 — Mars 1991
Imprimé en France